M3

目標達成
筆記術

簡單的組織方法，
自主達成個人與團隊計畫的精準工具。

M3
Journal

La méthode
d'organisation simple
pour atteindre
tous vos objectifs

M3筆記創始者

Damien Cozette

達米安・柯札特——著

譯——劉美安

使用者迴響

愛蜜莉（Emilie），文案撰稿
光讀這本書的使用指南部分就讓我能量滿滿……只要讀過自我成長的書籍，就能在裡面發現很多東西！

洛倫（Laurent），健身教練
超棒，跟其他筆記不同，而且也跟行事曆不一樣……真的很神奇，讓人能專注在自己的目標上，避免拖延。

伊蓮（Irène），藥劑師
3 年內我在工作之餘藉由 M3 筆記實現了以下目標：創辦活動改善醫療照護的服務接待品質，寫了一本書，買了一間公寓，架設了個人部落格「我的幸福行事曆」。

露西（Lucile），YouTuber
如果腦中的想法有點亂，就用這個方法來整理規畫。它是真正的組織計畫工具，可以幫助你達成目標。

JS 米勒（JS Miller），作家
生活裡滿滿的工作、旅行、家庭時光，安排起來不是那麼簡單……我推薦 M3 筆記給那些想要完成個人或工作目標的人！

亞當（Adam），企業老闆
它真的很不同，實際使用後才會明白。好好準備好計畫和安排可以省下超多時間，而且成果就在那裡！

瑪嘉莉（Magali）
我用 M3 筆記來準備一個重要的職業考試，特別有用，因為我考過了。接下來我打算再買一本執行另一個目標，這次是個人目標，我已經完全被這個新工具說服，它是我的教練、我的行事曆、我的導師……所以這個方法是經過成功認證的！

賈絲汀（Justine），25 歲大學生
我的目標是 3 年內達到經濟獨立。我剛讀完 M3 筆記的使用指南，準備要開始實踐……雖然我很擔心對陌生人說出自己的目標，但是我想自己應該有著「贏家精神」，所以正在募集俱樂部的另外兩個成員！有沒有人要參加？

蒂芬妮（Tiphanie），26 歲
我也開始使用 M3 筆記，這本書就在我的床頭櫃上。
我的目標是創業，而我很確定 M3 筆記就是我需要的工具。

馬修（Matthieu），網路行銷
手中有這本 M3 筆記，我真的超級有動力，打算大幅改善我的時間安排，用來達成我的目標。
我是網路行銷專家，目前駐在柏林，想開發環保觀光，用數位方法來改造相關經驗和旅行方式，讓旅行者能跟環保商家以及致力於這個議題的人連結，一起降低團客觀光產生的破壞性影響。

艾咪（Emi），36 歲

我住在大巴黎區，很獨立、誠實，有點拖延傾向，我不相信偶然，而 M3 筆記就在我需要的時候來到我手上。事實是，在倒楣了一段時期之後，我開始了人生新的一章，所以，我的目標（雖然還沒有很清楚到位）就是要掌握自己。

學習愛自己、相信自己、接受自己，建立一個理想的日常習慣，保養身體健康，讓自己覺得舒適。然後要複習，以最佳狀態開始六月初的職業進修（沒錯，我終於要轉職了）。

蘿拉（Laura），26 歲，自由業

剛剛收到傳說中的 M3 筆記，我的動機力爆表……深深希望能夠重新安排生活，停止一直拖延。

M3 筆記看起來是個好工具，讓我終於能好好整理計畫，規範出我要的人生意義。

尼古拉（Nicolas）

在家族企業裡工作了 10 年，正打算把公司所有股份買下來，讓父親能夠安穩過他值得的退休生活。

我跟伴侶也正在買人生第一棟房子，但是有很多事要做，結果因為這兩件大事，我相當焦慮，目前還沒有辦法用一種健康的節奏來運行。

我很想開始實踐 M3 筆記……目標是讓我即將要管理的公司更繁榮，同樣在學習房地產投資上，以及開始在股市投資都能順利，以期達到經濟自由，讓我可以到世界各地旅行。

蜜雪兒（Michelle），在家工作者

跟很多在家工作的人一樣，我會遇到隔離感以及拖延的問題，所以想 M3 筆記可以給我一些需要的鞭策，讓我的日常有個運行框架，並且設定明確的目標。

目前我在進行一個很大的個人專案：架設一個服務琉森法語人口的平台。幾篇文章已經上架了，不過還有更大的工作待做。借助 M3 之力，我非常有意願讓計畫付諸實現，這對我來說很重要！

琵綺（Peachy）

用這個工具學到了什麼：我更了解什麼事更會讓我浪費時間，或者讓我花更多時間；可以視覺化我的強處，也可以更明確地指出我的困境。

M3 的另一個強大優點是贏家精神俱樂部的集會，真的是很棒的行動槓桿……甚至在需要的時候踢我一下屁股，合作過程非常活潑，大家都能很正面地面對挑戰。

現在我要開始用 M3 實踐健康目標……我買了一組三本的 M3 筆記，全部自用，啊我是不是很貪心，不過達米安跟我說 M3 筆記上癮不是一種病……

亞瑟（Arthur），私人銀行業務

我的 M3 計畫已經等了好幾個月要開動了。

如果你也跟我一樣，想要開始 M3 計畫，而且具備動機的話，那就在 8 月 30 日晚上 7 點來 1940 年 6 月 18 日廣場 8 號的蒙帕納斯咖啡館，巴黎第 6 區，蒙帕納斯大樓對面。

Ps. 我是一個專案組合管理公司裡的私人銀行業務，除了想要更好管控職業發展的意志以外，也想要開始一個重要的家庭不動產計畫。

阿莉莎（Alissa）
我終於辭掉太過緊張又耗時的工作！我要展開新的領域，我確定一定可以找到一席之地，可以幫助很多人找到幸福：那就是愛情諮商，用逐步漸進的方法幫助所有年齡層的單身人士。M3會成為我最好的朋友，太多事可以做了！！！

帕斯卡（Pascale）
我們是45歲跟41歲的夫妻，共同目標是減重，已經開始M3筆記一週了，剛剛做完第一次聚會。當然還有不足之處，不過我們發現有時候會有意料之外的結果，相當振奮人心，激發動力。

艾拉（Aëla），室內設計師
我的工作室已經開張一年，但是面臨了空窗期，現在有點不太知道自己的位置，要往哪裡去。當我發現M3筆記時馬上就抓住機會，等不及要馬上開始實踐。我的目標是更有組織地經營我的公司，得到自我實現及滿足我的目標。表面上看起來好像目標很龐大，但是我相信，只要好好地分解任務，目標專注的話，一定可以成功的。

阿克賽爾（Aksel），印刷廠運營經理
到目前為止我已經換了三次人生，是一家印刷廠運營經理，有17個合夥人、很多龐大的機器，以及總是很緊急的期限等等。這就是我現在的生活！
而我覺得最缺乏的，就是家庭時光、朋友相聚的時刻，以及留給自己的時間。
為了要省下時間，我在43歲時回到學校，拿到企業管理碩士學位。在讀了無數本書之後，我找到了聖杯，就是M3筆記。
我還沒正式啟動，但是已經開始思考新的生活目標了！

珊塔（Santa），22歲
我是個很早就獨立生活的年輕女性，但是很容易會陷入困境（經濟、孤獨、不健康的關係、工作過勞、心情沮喪等等）。
自從遇到現任男友之後，我決定要做一番努力。我已經開始了，而且對我已經做的努力還挺驕傲的。不過我也有很快放棄的傾向，或者是太心急，想太快，做太多事。我開始用M3筆記是想要達到一個長期目標，就是要得到幸福。這個筆記會幫助我安排職業生涯（我現在是獨立業務員）以及個人生活，讓我能朝著幸福的方向前進。我想要組成或參加一個團隊，不見得要有相同的目標或跟我相同的人生經驗。希望能夠仰賴這個團隊，讓我能夠維持百分百的動力，絕對會是一個很大的精神支柱。

娜特（Nath），28 歲

我是比利時人，住在布魯塞爾。我剛剛豪邁地買了 4 本 M3 筆記！

其實我以前就知道這個方法，當時我想要自己實驗，剛開始我無敵爆有動力，它看起來就是超級精心打造的模樣！但是我很快就打退堂鼓，因為我覺得好像只是給了自己一堆壓力，又沒有其他人的回饋或鼓勵（當時我也處在沮喪期，更沒有獲得奧援）。

現在我好多了，所以決定趁這個機會投資下去！

目前我是無薪的網站管理員，正在找工作，要在技能表中添加平面設計的能力，我正在遠距教育學校上課，必須在 12 月底 1 月初時完成課程！（這是前兩本 M3 筆記的用途）。

然後，我得做一本無敵作品集，找到工作！（第三本 M3 筆記）。第四本我還沒想到要用在哪裡，待續。

史蒂芬妮（Stéphanie）

我是無意間從臉書的建議中發現 M3 筆記的，它引起了我的興趣，而且很快就接受這個主意。5 年前我開始用 Google 日曆，覺得它可以時常帶在身邊很神奇，而且我喜歡改變版本，只是漸漸會遺失一些安排……花了兩年試用各種不同的行事曆，我覺得 M3 筆記完全契合我的需求。

現在我已經用了兩週，到目前為止我一點也不後悔花這筆錢。

莎爾蘭（Sharleyne），35 歲

我的學歷是實驗室技術員的高等教育兩年，最後變成自行開業做美甲。一開始我是到府服務，然後我買了一個店面，從頭自己做。32 歲時拿到美容師證照，到現在已經獨立做了 9 年，開店 7 年。但是今天，我對工作產生倦怠，在自省一次、兩次、三次之後，我的結論是必須在工作中加入更多活力，然後我就找到了！雖然團團轉了兩年，當中甚至穿插了一段輕度憂鬱期，今天我已經明白自己是為何而生的，而且滿腦子都是點子。我的問題是我總是四處瞎忙，沒辦法釐清重點及優先次序，結果就什麼也沒做，然後開始有壓力。所以是時候找個指引了！！！而 M3 筆記就出現在我的臉書上，重大發現。

我下單，迫不及待它出現在信箱裡。我已經做了 M3 計畫，有個對我而言很重要的大目標，我會盡一切努力去達成！

霍許（Roch），24 歲

我是職業音樂家，也是微量營養品的傳銷經理，在里昂這個美麗的城市工作。

我經由大家的朋友達米安而認識 M3 筆記，在此我要向他致意，感激他做的一切。藉著 M3 筆記，我首先要安排我的職業生涯，接下來是安排生活本身（當然，這兩者是合一的！）。

我希望能成為國際級獨奏家，而我的創業夥伴將幫助我實現夢想！我希望除了從營養及微營養下手以外，也要透過個人成長，來發展出更好版本的自己，並且希望可以與周圍的人分享，影響越多人越好。

如果你的心中仍藏有夢想，也許這本書能幫你圓夢

林明樟（MJ）

作者達米安在 2016 年因為想做一件自己夢想很久的事，在築夢的過程中，因緣際會發明了有效達成目標的獨特方法論：「M3 目標達成筆記術」，透過這個工具，除了完成達米安的夢想外，也讓他成功跨業成歐洲受歡迎的暢銷書作者。

達米安透過自己在法國知名奢侈品牌多年的工作歷練，加上行為心理學、管理學與成功學等學科的核心觀點，將原本複雜的目標達成手法，簡化成這本可讀性與操作性很高的行動手冊，你可以邊看邊做邊調整，一步步往自己的夢想前進。

我最喜歡本書的部分是：它的可操作性，你只要按步就班，每天花 20 分鐘，人生可能大不同。就像作者說的一樣：會成功的人通常不全是最有能力或最聰明的人，而是最堅持不肯放棄的人。在這本書中，你可以學到達米安不藏私如何堅持到底的心法與 know-how。

想要成功，最簡單的方式就是把「自己」當成一家公司來經營，用老闆（企業家的思維）來經營「你」這家公司，經營一家公司有幾個重點：

第 1 步是找出你的願景：你為什麼想做這件事？（為什麼想開「你」這家公司？）在書中你會學到如何透過「Why?

Why? Why?」的追問，找到你想做這件事（夢想）的初心，或做某件事對你人生的意義，一旦找到屬於你自己的意義，就會強化你的行動力；

第 2 步是確立方向感：人生的夢想或欲望多如繁星，你想先去那裡？在書中你會學到如何尋找目標的方法，將目標大部分解（長中短期），分解後的小目標，讓我們覺得成功達標變得愈來愈有可能，才不會讓腦中的夢想大到嚇壞自己。透過書中的引導，你也會找到如何讓方向清晰到觸手可及並想去執行的方法。

第 3 步就是日常營運：尋找如何把事情做好做對的方法？如何將各項任務進行優先順序排列？排點每週可用的資源（時間），有效率地達成？在書中，你也會獲得很多啟發。

第 4 步是團隊的打造，讓「你」的這家公司能持續成長：作者透過這本書，在幾年內協助了 25000 位讀者一步步成功完成自己各種人生目標。在書中的最後章節，他也建議你要選擇正確的動機夥伴，建立屬於自己的「贏家精神俱樂部」。因為，一個人走得快，一群人走得遠。

最後一步就是設計獎勵制度：一家公司的成功是透過眾人一起完成多件重要的任務，並取得經營成果，但，過程中總是問題叢生、困難重重，為了讓團隊保持前進動能，目標達成後的適當與及時獎勵不可少，「你」的這家公司也是一樣，達成目標時，別忘了適時給自己獎勵唷。

把「自己」當成一家公司來經營的這種思維，能讓你看到自己人生的全局，透過大局的思維，找到方向與方法，一步步往自己的夢想前進。過程中一定會有很多問題或是無

法即時完成的狀況，透過書中教你的幸福感與正向思考，能在低潮時帶你走出困局，不會因為某個任務沒完成就全面否定自己（別忘了：公司不會因為一個日常任務沒有達成就輕易破產消失。所以，對於「你」這家公司的老闆，就是你自己！千萬不要輕易放棄唷。MJ 是從破產谷底爬起來的過來人，我知道在谷底時你會不斷告訴自己：我努力過了很多次，結果還是一樣，一切都是命，然後就放棄了！愈是在這種谷底低潮時，愈要告訴自己：請再堅持一下，只要方向沒有大錯，也許再過一小段時間，世界就不同！）

更棒的是，「你」這家公司，不需像真實世界要與別人競爭的你死我活才能生存下來，你只要實現自己的夢想或目標，活出最好最棒的「你」就可以。

透過本書分享的 5 個步驟，我相信你也可以將藏在心中許久的夢想一一實現。

現在就開始行動吧！買下這本行動工具書，打造屬於自己精采的人生。

（本文作者為連續創業家暨兩岸跨國企業爭相指名的財報講師）

M3 筆記是你追逐夢想之際，
無可取代的隨身教練

林怡辰

　　如果你喜歡子彈筆記集待辦清單、行事曆還是日記於一身，成為你的超強的第二大腦，那麼，你更不能錯過這本輕薄短小、更好實踐的 M3 筆記，讓它為你的夢想鋪路，預言你夢想的實踐！

　　時間無法管理，能管理只有你自己，但在這麼多的資訊、日常雜事、各種身分中，怎麼撥雲見日，看見人生最重要的追求，卻又可以踏實拉近現實和夢想的距離，筆記和手帳都是踏實築夢者不可或缺的工具。

　　筆者從國中開始使用筆記和手帳，從學業、課業的安排讀書時間；到打工、家教，管理自己的收入，不僅賺取自己的生活費，最後還清家中負債、買房；畢業當年考上錄取率只有 1% 的教師甄試，在教學路上精進，寫了一本暢銷書，繼續書寫下一本等，都是使用筆記幫忙我達成的。

　　而長期研究在市面上許多的筆記和手帳書籍後，不同的人和不同需求有不同筆記的使用方式，而在看到 M3 筆記之後，突然發現，自己的每個歷程都和 M3 筆記有相符之處。如果你曾使用過子彈筆記，會對於客製化自己的手帳模式興奮不已，寫下自己需要的各種記錄，就是記錄自己想要珍視、

強調的價值。將所有細項記錄下來，擺脫焦慮，也可以利用文字來看見真實的自己、藉由許多脈絡來看見自己是誰？想往哪裡去？

如果說子彈筆記是敘事紀錄，那麼 M3 筆記就是人生的架構圖。我最愛它的「非常簡單」，整本書不用 30 分鐘就可以輕鬆讀完，但其中的設計，可以輕鬆幫助你跨越堅持度不足的長時間，隨時在你身邊打氣。子彈筆記是鉅細靡遺，而 M3 筆記則是幫助你看見生命中的重要「大石頭」，那些你一直逃避、覺得不可能實現的夢想、因為太困難遲遲沒有動作的人生要事：

1. 清楚簡單明瞭好實行：確認個人目標、發覺「為什麼」的動機、制定實行計劃、行動、選定組員互動。短短一本書花不到 30 分鐘讀完，馬上就可以實行，把重要的時間花在重要的地方，一點都不浪費。

2. 兼顧現實，才能成功：針對動機不斷深入提問，跟著書中指引，可以看清自己的方向。和你一起看見每日可用時間、每週省思，拉近夢想和現實的距離，每個夢，都因踏實而變得可行。

3. 魔鬼都在細節裡：像是目標需要明確、可量、有企圖、考慮現實、時效性。已經把常見目標付諸流水的原因排除。還有制定獎賞、找尋夥伴，更是強大行動力，真的就像真人版的教練，不斷在你耳邊砥礪、提醒你的想望和不斷以問卷優化你的行動，成功度大大提升！

簡單來說，M3 筆記可以將你一生的遺憾減到最低，踏實走在你想走的路上，不用多想，翻開、填上、實踐，不管你的夢想是什麼，M3 筆記，是你追逐夢想之際，無可取代、最好的隨身教練！

　　　　　　　（本文作者為彰化縣原斗國小教師、閱讀推廣人）

引發積極面與共鳴的筆記本

黃昱毓

　　身為一個熱衷於寫筆記本的人，我的筆記本幾乎是完全不離身，除了有自己的一套寫筆記的方式外，更熱衷於研究別人的筆記術。我想對於所有喜歡使用筆記本的人來說，筆記本可以讓生活變得更有規律，藉由筆記本的使用將生活瑣事安排妥當，這就是大部分人對筆記本最大的期待。

　　但這一本書要說明的卻不僅僅是記載詳盡生活大小事的筆記本，它更深層的去發展出筆記本更積極的一面，那就是讓筆記本成為更主動去擬定目標、執行並實現的工具。書裡沒有難懂的用語和複雜的公式，就是非常直接坦率地告訴你要去定下目標，怎麼定立目標，而設下目標之後又該怎麼執行，以及如何應用 M3 筆記術，讓這些原本在腦海裡的抽象目標變成每日執行的具體事項。它的內容非常實際，卻實際得正如任何人的需要，可以輕易地在閱讀過後誘發正向的心態，產生立刻就想開始去做的動機。

　　我對於 M3 筆記非常有共鳴，也可能跟自身喜好挑戰的性格有關，這套筆記術就是企圖讓人正視自己內心最不服輸的那一面。它循序漸進地引導你養成寫 M3 筆記的習慣，同時也在一步一步讓你培養有目標就要去實現的態度。並且告訴你

最容易執行的方法，只要照著它的概念去做計劃，並在每個段落檢視自己的成果，最後一定會在不斷的累積下，直到將目標實現。

不僅如此，這本書不僅將 M3 筆記術做完整說明，還直接將 M3 筆記擺在你的面前。利用它設計好的實用版面，將自己的計劃與成果一一填入，沒有藉口地讓你可以立即開始執行，是一本非常督促人的實用好書。

我很推薦對未來規劃很迷惘的人閱讀這一本書，利用這套筆記去正視自己內心的想望，並在實際使用時逐漸將目標前的雲霧一一撥開，會很快的領悟所謂的夢想其實沒有那麼遙遠，要完成一件事也沒有想像中那麼困難。最重要的就是最先開始決定要做的那一股衝勁，還有隨時思考與不斷檢討所展現的恆心。

衷心祝福每一個人都能透過這本書實現自己，這也是作者寫下這本書的初心。

（本文作者為律師、暢銷書作家）

目錄

使用 M3 筆記

- 視覺化看板
- 達成目標的獎勵點子

這本書如何來到你手中？

我用了 3 年時間創作這本書。為什麼這麼執著？因為我想要找到讓所有人都可以達成目標的方法。這個不可思議的冒險旅程始於 2016 年，因為我當時想要認真做一件有意義、可以幫助到別人的事，而且希望我的書跟以前的書不一樣，那些書裡頭的建議讀起來好像都很簡單，問題是實際做起來就沒那麼容易。我想要發明一種獨特的方法，特別是讓使用者都能得到實際的成效。

我堅信任何人都可以運用我發明的方法完成自己的目標，不過我也清楚，如果只是坐著讀書，沒有人能達成什麼目標，所以我發明的這種方法更偏向實際操作面。在這本書裡，讀者可以化身為自己的英雄，M3 筆記的模樣因此誕生。它介於傳統書籍與個人教練之間，書和筆記結合在一起，讀者可以馬上起而行，在閱讀之後的幾個月都可以輕鬆實踐。

我決定自己出版第一版，所以在 2017 年 1 月舉辦了集資活動。在這波宣傳活動中，在出版前就使用過 M3 筆記的記者朋友們都對這個方法讚譽有加，所以計畫馬上就找到支持者，加上在一開始就支持我的網友們力挺，這本書算是成功

發行了。我在法國出版了第一版，並且有辦法宣傳推廣，經過 6 個月努力不懈，使用者人數大大增加，而在第二版發行時，M3 筆記在預售寄出前就已經斷貨，於是我辭去在一個法國奢侈品牌公司的舒適工作，專心致力於改善這個筆記方法，並且開始創造其他可以幫助人的新方法，像是「舒適圈再見」（Ciao Comfort Zone）這個遊戲。

月復一月，我分析使用者的用法來改善 M3 筆記的方法，我的目標是讓它變得更簡單更有效。到了 2019 年，在你手中的版本是這個方法的第四個版本，也是到目前為止最完善的版本，我很開心可以跟 Hachette 集團的 Marabout 出版社合作，讓他們來發行這本書，這是對我這個方法的品質肯定，而且也可以幫助到更多人。我也很高興你是其中之一，讓我對你表達歡迎之意，歡迎來到我們這個團體。

在說再見之前，我要特別提醒你，在你之前已經有數千位使用者因為 M3 筆記達成他們的目標。精準一點說，是超過25000 人，散布在 75 個國家，平均每 40 分鐘就會增加一位新使用者。M3 筆記在兩年之內成為暢銷書，並且成為這個領域中的重要參考。所以問題不在於這個方法有沒有效，而在於你是否能正確利用這個手中利器？

由於你正在閱讀，所以我想答案應該是肯定的。不過我還是得確認一下，因為強大的力量也伴隨著強大的責任。藉

由 M3 筆記，你可以達成所有目標，不過，要達到目標，首先你必須接受自己是命運的唯一負責人。當你使用這本手冊，萬一情況不如你所願的時候，請不要躲在藉口後面或怪罪別人，這是沒有建設性的態度。這個方法的使用者必須有個觀念：如果想要改變生活中的任何事，不能靠別人，是**你**要採取行動。

當然你不可能掌控所有事件，但完全有如何反應的選擇權。不管情況如何，請選擇正面的心態，將態度跟行動對準解決方案永遠都是最好的選擇，這樣做可以幫助你往前進，從任何困境中走出來。在日常生活中轉換心態，除了是成功使用 M3 筆記的先決條件之外，更會為你的生活帶來根本的改變。記住，今天的樣態是過去選擇的結果，而明天將成為的樣子取決於今天的選擇。如果你有意願，這個 M3 筆記會成為你最好的夥伴，幫助你取得想要的成果。

請趕快找一支筆和螢光筆來畫線。最後，如果你走進 M3 的世界，我們應該就有共同的價值觀，所以如果你在途中想要跟我交換意見，或者跟我分享你的個人成功經驗，可以在我的網站上找到聯絡表格：www.damiencozette.fr，或者也可以在我的 IG 上私下聯絡（@DamienCozette）。

致上謝意
達米安

達成所有目標的公式

在介紹這個方法的運作之前，我先向大家揭曉可以達成任何目標的公式，這條公式是 M3 筆記的第一塊基石：

$$\underline{\qquad} + \underline{\qquad} = 達標$$

你是否曾經有過這樣的經驗：努力工作一整天，但是在一天結束時卻覺得沒什麼進展？如果是的話你並不孤單，有幾百萬人跟你遇到同樣的問題：你們以為要多工作才能達到目標，於是在工作時付出了 100% 的努力，卻還是得不到想要的工作成果，為什麼呢？因為大量工作只能在正確的任務上顯現成績，而大多數的人因為太要求完美，會把太多時間花在一些其實只需要花幾分鐘完成、不正確的任務上。

把時間花在不正確任務上的人，即使花了大把時間，進度還是沒辦法趕上，因為他就是……做白工！當一個人把精力聚焦在正確任務上，即使沒花多少時間，也一定可以完成目標。所以要達標，重點就是要分辨出回收高的任務，意思

是那些可以讓你用最少精力就可以朝目標前進的任務，這就是我們所說的效率，要達成目標最重要的能力。請注意，不要把效率跟產能搞混，當產能與效率結合的時候，進度可以更加迅速，不過產能只有在任務正確的時候有效。想要更有效率，必須：

1 有一個確切的目標
2 制定一個行動計畫
3 定期檢討成績單

　　如果行動效果不如預期，成績單可以幫忙修正計畫或改變目標。想要了解得更清楚，試著想像你正打算做長期旅行：你的旅行目的地是**目標**，你選擇的路徑是**行動計畫**，成績單則是路上的休息站，讓你檢查是否走在正確的方向上。下面

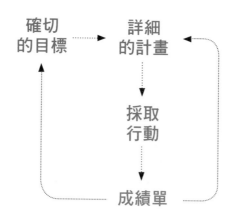

的圖可以有效概括我的方法，這個簡圖可以應用在任何目標上。

因此，當我們訂定一個新目標的時候，首先要做的是在採取行動前先好好思考；然而在現實中，當我們動機滿滿時往往會反其道而行。請放心，M3 筆記會幫助你實踐這個效率公式。

效率＋............＝達標

如果效率是達成目標的第一要件，還有第二個要件同等重要。在揭露之前，請先用幾秒鐘回想一下，在你的生命中是否曾經開始了一個計畫，最後卻在計畫落實之前停止⋯⋯為什麼你會在中途放棄呢？缺乏了什麼因素才無法達成目標？在達標的路上有很多陷阱，不管目的是什麼，在進行當中你都會發現，並不是所有事情都像希望的那麼簡單，你會遇到一些意外耽誤你前進，也可能會失去一開始的熱忱，累積不少疲累。在這種情況下，懷疑就會開始出現，而最糟糕的狀況就是會因為一些不正確的原因，讓你想要放棄。

所以除了要學習效率以外，發展動機也是不可缺的一環。**動機**是讓人可以堅持的燃料，建設內心，挺過各種考驗，這就是達成目標的第二個要件。在閱讀本書的時候，你會發現 M3 筆記能幫助你問正確的問題，挖掘內心的動機，

而且這個方法建立在獎勵與點數的機制上，讓你在整個過程中一直保持達標的欲望。最後，這個方法可以用在多數人身上，你可以和使用者間相互支持打氣來前進。

讓任何人都可以達到目標的公式：

效率＋動機＝達標

為了要達成任何目標，其實就只需要既有效率又有動機，要實踐這個成功公式，只要照著 M3 筆記的方法。在過程中，一天至少一次，最好是選定一個時間來照著完成，譬如說每天晚上睡前的 20 分鐘，如此一來，每星期大約會花兩個小時來寫 M3 筆記，並且與夥伴們聚會。相較於投入這兩個小時，運用 M3 筆記會讓你空出更多時間，況且，兩個小時就跟追兩集喜歡的劇一樣長……。所以在這個階段只有一個問題：我已經準備好要擔起任務，每星期用兩個小時來達成心中重要的目標了嗎？

使用 M3 筆記

步驟 1
選定「什麼」

當我們想要進步的時候，第一步就是選定確切的預定成果。道理很簡單：沒有目標的人是永遠無法達成什麼，所以想要進步，就必須訂定正確的那個「什麼」，也就是目標。你的目的地在哪？想要在什麼領域獲得進步或自我實現呢？

找到你的目標

一般而言，開始用 M3 筆記就會知道自己想要達成什麼目標了。如果你沒有，那麼請放心，這個方法也會幫你找到自己的目標。

無論你的情形如何，都有必要對希望與目標做個總結，花點時間思考所有點子，對人生採取主動，而不是等事情來了才反應。在時間之流中不時修正方向，讓生活的演變能符合你的期待。

我覺得反思非常重要，於是特別寫了一個文件來幫助那些想要反思的讀者，這個文件名為「鏡子測驗」，可以在我的網站 www.damiencozette.fr 找到。即使你已經有目標了，還是請下載、填寫這個文件，它可以幫助你釐清想望，讓你意識到需要在哪些領域裡獲得進步才更能展現自我。

此外，還需要用一個漏斗技巧來找到短期內最正確的目

標，這就是 M3 筆記的起點。原則很簡單：藉由長程目標來制定短期目標，請閉上眼睛，想像未來的你：

長程目標：**三年後你希望在哪裡？**
中程目標：**一年之間需要完成什麼，才能接近那個目標？**
短程目標：**從現在的情況出發，有哪些地方需要立即改變，或者馬上就位，才能幫助你接近中程目標？**

讓我們用三個各有不同目標的人來做樣本：

長程目標	中程目標	短程目標
我要一個 能滿足我的工作	我得換工作， 換一家公司， 也換職位試試	每星期至少得 寄一份履歷
我希望能跑人生 第一個馬拉松	我必須能連續跑 10 公里不會 氣喘吁吁	我每星期至少 得跑兩次， 每次至少 30 分鐘
我要成為 公司老闆，而且薪 水至少要每個月 3000 歐元	我得先成立 一個公司	我必須先做集資， 用來測試我的點子 是否可行

隨著每個月的時間過去，你的想法也會漸漸轉變，不過，走過的路一定都有用，第一步思考過後，至少每年一次，請留點時間給自己反思一遍，根據當時達到的成績與即時靈感來修正原先的草案。

在制定短程目標時有個需要小心的地方，我們通常會在亢奮過度下給自己定下好幾個目標，或是一個太高的目標，結果呢？我們會虎頭蛇尾！

當我們決心要自我挑戰時，目標的大小並不重要，重點是必須有一個漸進的過程。然而路程迢迢，所以這並不是計時的短跑，而是個長程賽跑，為了要跑到終點並且維持動機，請保持耐心，每次都將精力集中在**一個**目標上。

好的目標是聰明的目標

在商業世界裡有個每天應用來制定正確目標的公式，根據彼得・杜拉克（Peter Drucker）所言，一個目標必須要聰明（S.M.A.R.T.）：

- **明確性（Spécifique）**：目標必須夠精確，讓所有人都能在一個句子裡明白。譬如說「我要重新拾回自信」就太籠統了，也許可以改成：「我要重新開始運動（以便

增強我的自信心）。」

- **可量性**（Mesurable）：目標必須可以量化，意思是可以用數字來表達目標達成的時刻。為了要能跟進度，將目標劃分成可以達成的階段成就，譬如說「我要重新運動」可以變成「我每星期要跑步兩次」。

- **企圖性**（Ambitieux）：目標必須是真正的挑戰，需要付出努力才能達成，而且會造成長期的改變。譬如說「我每年要跑步一次」就企圖心不夠，不能拿來當作目標；但是「我每星期要跑步一次」就可以當成一個目標。

- **現實性**（Réaliste）：目標必須是可以實現的，不要把我們想要做的跟我們能做到的搞混。譬如說，「我要在一星期內能跑馬拉松」，對一個重拾運動的人來說就是把標準定太高了。

- **時效性**（Temporellement défini）：這個目標有期限，就是說有個必須達標的日期。譬如說：「在年底以前我要建立每星期跑步兩次的習慣。」

制定一個聰明的目標可以提升效率，而且避免「總是要更多」的症頭。沒錯，人類有種永不滿足的傾向，如果有明確的目標，就可以看清楚走過的路，為每一次勝利拍手。

最後，寫筆記請用簡單句，避免條件句，集中精神在你想要成為的樣貌，而不是不想要的樣子。譬如說，與其寫

「我希望能戒煙」，不如寫「我要從香菸中解放」。

重點整理

- 沒有目標就不可能達成。所以，想要進步，制定目標是絕對必要的。

- 目標的大小沒有那麼重要，重點是循序漸進。

- 思考心中的願景是一種很棒的時間投資，而且這個練習每年都要來一次。

- 保持耐心，每次都只專注在一個目標上。

- 藉由長程目標，利用漏斗技巧來決定正確的短程目標。

- 好的目標是個**聰明**的目標：明確、可測量、有企圖性、現實且具有時效性，重點在於我們想要變成的樣子，而且用簡單句描述出來。

步驟 2
發掘「為什麼」

談到個人目標與事業目標，在成功之前要付出很多努力，不管是為了什麼奮鬥，長期追求就代表必須面對眾多困難，才能得到想要的結果。最後能成功的人不見得是最有能力或最聰明的，而是那些最有毅力、堅持不肯放棄的人。

「為什麼」很重要

為了提升動力，最好的方法就是了解「為什麼」，亦即促使我們訂立目標內心真正的原因。「為什麼」是動機的關鍵，可以將成功的**想望**轉變成**需求**，要想知道兩者之間的區別，可以做以下練習：

1. 停止呼吸
2. 盡可能長時間閉氣
3. 重新呼吸

在幾秒間感受到無法抑制想要呼吸的感覺，就是一種呼吸的**需求**。

當你感覺達到目標的需求跟呼吸一樣重要的時候，動力也會提升，是否達成目標已經不是問題，問題是何時能達標。

找到真正的動機

要把**想望**變成**需求**,就必須賦予行動一些意義,要做到這點,就要先自問真正的動機是什麼?換句話說,什麼是促使你想要達成這個設定目標的真正原因?

對於達成一個相同的目標,也許答案因人而異,而答案不分好壞,重點是回答這個問題的時候要對自己誠實。

如果無法為自己制訂的目標找到「為什麼」,表示這個目標對你而言並不是那麼有意義,這時最好是轉換目標。

要找出你的「為什麼」,有三個步驟:

① 將注意力集中在結果,以及達成目標時將會帶來的正向改變。
② 對你的第一個回答提出問題,每個問題都要問兩次。
③ 思考一下,如果你達到目標,即使是個人的目標,可以給其他人帶來什麼(靈感、幫助之類)。

以三個目標不同的人為例:

路易想要換工作
　　一為什麼要換工作?

—想找一個比較有意義的工作。

—為什麼要找一個比較有意義的工作？

—想要讓自己更開心，在朋友間散發出正能量。

妮娜希望可以跑馬拉松

—為什麼要跑馬拉松？

—為了重拾自信。

—為什麼要重拾自信？

—要告訴自己，想要的任何事都可以實現，而且可以激勵其他人。

羅曼想要創業

—為什麼要開公司？

—想要有比現在更有錢。

—為什麼要有更多錢？

—想要有自由，而且也有助於家裡的財務。

哪個答案比較有意義呢？直覺的第一個答案還是第二個？當然是第二個答案。

去年我幫助一個想要換工作賺更多錢的朋友，因為她連續幾個月都無法成功投遞履歷而開始失去動力，於是在我們互動之中，我重新給她制定了一個新的「為什麼」：她想要較高的薪水，是想要從父母那裡經濟獨立，因為父母自己也有經濟問題。這一個小改變在她心中產生了觸動，讓她動力大

增，短短三個星期後就簽了新工作的合約。

　　這個小故事表達出「為什麼」在達成目標過程中的重要性，為我們在做的事賦予意義，就是最強力的動機之鑰，可以幫助你更容易越過障礙，克服懷疑。

訂定獎賞

　　當我們訂定一個目標時，還有一個小訣竅可以提升動力：給自己訂定一個獎賞，只有在目標達成時才有。這個獎賞必須要跟目標等高：目標越大，獎賞就越大。

　　要找出獎賞的點子，可以想想你夢想做的事，希望生活中擁有的，或者更簡單的，就是你最愛做卻沒有經常做的事（譬如說旅行、跳傘、到好餐廳吃飯、按摩等等）。

目標		獎賞
換工作	⟶	旅遊 ....
成立自己的公司	⟶	買單車 ....
跑馬拉松	⟶	訂雜誌 ....

重點整理

- 會成功的人不全是最有能力或最聰明的人,而是最堅持不肯放棄的人。

- 「為什麼」是最強力的動機之鑰,可以給事情賦予意義,將成功的想望轉變為成功的需求。

- 訂立一個強有力的「為什麼」有三個步驟:集中注意力在正向改變上,每個問題都要問兩次,並且思考個人的成功可以為別人帶來什麼。

- 在訂立目標時要加強動力,可以決定一個獎賞,只有在目標達成時才能有的獎賞。

步驟 3
找出「怎麼做」

確立目標之後，接下來要擬定的就是要「如何」達成目標。也就是說，想要從 A 點（現在的情況）到達 B 點（期望的成果）之間需要做哪些行動？想要制定最佳行動計畫有三個步驟：分項、優先順序、計畫，同時也必須決定達成目標需要花費的時間，以便按照個人生活習慣來訂定行動計畫。

分項：將主目標區分成好幾個次目標

　　這一步是將主要目標分割成幾個中間目標，而讓目標更容易接近。當中間目標越多時，實施計畫就越詳細，要達成主要目標就會更簡單。

　　將所有次目標列出來以後，預估一下達成每一個目標所需要的時間，將所有次目標所需時間加總，就是主目標達成所需的時間了。

將主要目標分割成中間目標的例子：

中間目標	所需時間	重要性	困難度	責任	級數(1-6)
重寫履歷表跟動機	4天	必要	易	自己	3
從就業網站中選擇	2星期	必要	難	自己	3
寄出求職信	3天	必要	易	自己	2

主要目標：換工作 = 　3 星期

如果你的目標是在生活中建立一個新習慣，那麼中間目標就是將這個習慣漸漸帶進生活中需要跨越的階段，這樣才不會突然改變，可以慢慢走出舒適圈。

這個方法叫做小步走，較有名的說法是持續改善法（Kaizen），每一個中間目標都要與前一個目標有相當的距離，才能感受到進步，但是又要足夠接近，才能讓人安心。最好的做法是一開始先適應節奏，然後再漸漸加強。譬如說，一開始最好先適應每週兩次 10 分鐘的跑步，而不是一次跑 20分鐘。

對於同一個目標，所需時間也會隨著實際經驗不同而改變。譬如說，已經有運動習慣的人可以直接跑 20 分鐘，或者已經有網路廣告經驗的人會比一個初學者更快進入狀況。

優先順序：為所有中間目標分類

有些目標，譬如說建立一個新習慣，並不需要分類中間目標，不過對於大多數其他的目標都絕對必要做分類。嚴格分類可以分清楚中間目標的優先順序，才能更有效率，更快達標。要制定優先順序，需要將中間目標分類為：

● 重要性（必要／非必要）

要達成主要目標，要在實踐計畫中標示出這個中間目標是必要還是非必要。非必要的中間目標的目的就是優化結果，譬如說改變履歷表的顏色。

● 困難度（難／易）

這個中間目標對你而言是容易完成的嗎？用「難」與「易」來區分。

●誰的責任（自己／別人）

區分中間目標的負責人，你要自己完成這個中間目標，還是交由別人來做。有時候是要節省時間，有時候則是自己

沒有這個能力。

完成這些步驟以後，幫每一個中間目標分級，分級的標準如下：

第 1 級	必要目標，交由別人做（難易不拘）	必要／別人／難 必要／別人／易
第 2 級	困難的必要目標，自己做	必要／自己／難
第 3 級	容易的必要目標，自己做	必要／自己／易
第 4 級	非必要目標，交由別人做（難易不拘）	非必要／別人／難 非必要／別人／易
第 5 級	困難的非必要目標，自己做	非必要／自己／難
第 6 級	容易的非必要目標，自己做	非必要／自己／易

必要性的中間目標具有優先性，因為完成它們會讓我們更快接近主要目標。根據帕累托法則（La loi de Pareto，又名 80/20 法則），我們 20% 的行動可以產生 80% 的預期效果，所以這就是最「有利可圖」的中間目標，投資最少時間可以產生最大的效果。

交由別人做的中間目標又優先於要自己完成的，因為一旦交給別人，自己就可以進行下一個目標；別人在負責完成工作的同時，他可以進行自己的任務。舉個例子：如果有人想要開一個部落格，他決定把部落格的開發交給別人，自己則專心負責文字內容。如果等到寫出第一篇文章才找人來架設網站的話，就必須等到部落格上線才能發表文章，而文章已經準備好了，這就是浪費時間；如果他在計畫一開始就把架設網站的事交給別人，那就可以在網站管理員架設部落格的時候寫作。

困難的中間目標也比簡單的具有優先權，因為一開始我們都會動力爆錶，這時候先趁著勢頭完成困難的目標，是長時間保持同樣動力的最佳方法，因為如果你知道接下來還有困難的目標等著完成，可能就比較容易洩氣。相反的，時間越往前進，等著完成的中間目標越容易，那不是更有動力了嗎？

可運用度：每星期花在達成目標的時間

不管你想在哪個領域進步，無論目標是什麼：你都會需要時間！時間就是自我實現的基石，擁有越多時間就越會迅速前進。我可能會冒犯到某些讀者，不過當有人說我沒時間時，那是在說謊！

現實上，我們每個人有一點是完全平等的，那就是一天都擁有同樣 24 小時的時間。所以問題不在於沒時間，而在於怎麼運用時間。說自己沒時間不是推掉工作或約會的禮貌藉口，而是承認我們不知道如何安排優先順序。

　　如果你可以完美安排優先事項，卻還是感覺沒時間：那就縮減一些無法讓你更幸福的事，譬如說停止玩社交網路，並且把電視賣掉。

　　所以要擬定行動計畫時，要回答的問題並不是有沒有時間可以達成目標，而是：對於這個目標，你的動機夠不夠強，強到願意投資時間下去？如果答案是肯定的，那就請自問，這個目標值得每星期花多少時間？

　　如果你的目標是事業上的，那麼很簡單，花在實踐目標的時數就等於工作的時數；如果目標是個人的，那麼就要看你每個星期有多少空閒時間了。

　　不過還是要注意，不要把時間表排得滿滿的，當然花越多時間在追求目標上，進步的也會越快，重點是能持久。如果時間表已經很滿，最好的方法就是分出一段固定的時間來追求目標，譬如每個星期天下午兩點到五點半，或者每天 30 分鐘。

一個人每天哪怕只花 30 分鐘在目標上，一整年下來也有 182 個小時了，也就是 5 個星期的全工，這絕對足夠進步。

規畫：寫出行動計畫表

當你把主要目標分割成幾個次要目標，並且決定要花的時間之後，剩下的就是擬定一份適合自己情況的計畫表了。這個計畫表是用來決定每個中間目標達成的日子。

M3 筆記以四週為一個進步單位，而這四週的單位稱為一期。你的行動計畫必須跨一整期，在每一期結束時必須提出一個總結，這個時候可以選擇開始新的一期，或者先稍微休息。

以四週為一期來工作可以照著自己的節奏走，並且在過程中調整計畫的方向。在計畫的框架底下，可以根據進度超前或落後來調整，也可以根據新出現的變數調整。

如果你的目標是建立一個日常的新習慣，隨著進度效果，可以決定下一期的四週要採取什麼態度。如果覺得遵守習慣有點困難的話，可以把強度放緩，又或如果新習慣已經毫無困難地融入生活，就可以增加次數，也可以改變目標的習慣。

舉例：

第 1 期目標	每天讀 10 頁書		
成果	失敗	成功	失敗或成功
態度	降低強度	增加強度	改變習慣
第 2 期目標	每天讀 5 頁	每天讀 20 頁	每星期跑步一次

　　以四週為一期來工作，表示你可能無法將所有中間目標都放入計畫，這就跟目標大小，以及願意花的時間有關了。這種情況下，首先將第 1 級的中間目標放進計畫中，然後是第 2 級，如此下去一直到第 6 級中間目標。那些沒能計畫到的中間目標可以留到下一期。

　　請注意，計畫中預估一週要達成的中間目標所需時間，必須少於一星期間願意花的時間。如果出現了預期外的狀況或可能的延遲，才能夠應變。

　　花點時間在行動計畫上，因為這個計畫對於實踐目標至關緊要。花一點時間思考計畫可以節省寶貴的時間，也可以清空腦中的雜緒，讓你接下來將精神全花在行動上。也許你會忘了列出一些中間目標，不過在這個時間點，這很正常！

有些任務會花去比預想中更多精力，而有些可能會以超記錄的時間完成。你的實踐計畫會隨著進度慢慢調整。

重點整理

- 將主要目標分割成好幾個中間目標。

- 以**重要性、困難度**以及**負責人**來劃分中間目標。這個步驟完成後，將中間目標分成 1 到 6 級。

- 時間是自我發展的基石，必須自問一星期可以花多少時間在實現目標上。

- 說沒時間只是對自己說謊，如果不是拿來當成拒絕工作或約會的禮貌性藉口，就是承認自己對決定優先順序有困難。

- 只要一天能在目標上花 30 分鐘，那麼一年下來就有 182 個小時，等於 5 個星期的全工時。

- 行動計畫的目的是決定達成中間目標的時間表。

- 在 M3 筆記中，我們以四週為一個計畫單位，每四週時間稱為**一期**。這個單位可以幫助我們隨著進度調整實踐計畫。

步驟 4

做好準備
開始行動

如果一個理論沒有實踐，那這個理論就毫無用處。計畫要有效，就必須行動。好消息是你已經不需要思考，前面三個步驟已經擬出了明確的行動計畫，現在可以把精力集中在實踐上。每天確實照計畫實行，不拖沓，而獲得成功的關鍵在於……組織。M3 筆記包含了所有可以幫你按時、照著計畫走的工具。

效率：每週 3 個目標，每天 3 項任務

每星期都由必須優先完成的 3 個目標開始。要選出這 3 個目標，請參照行動計畫的中間目標。在有些情況下，行動計畫裡每週的中間目標可能少於 3 個。如果是這樣，那麼就在星期目標的名單上多加 1 或 2 個目標。

本週的 3 個優先目標

1. 寫一篇 1500 字的文章。
2. 將 10 個廠商的提案列表比較。
3. 購買網域名稱。

然後制定每天要完成的 3 項優先任務。當然在一天中你還會有很多其他事要做，但是這 3 項是優先項目。「完美」的任務是無法再分割的任務，這就是目標跟任務的區別。任務

是不可分割的，但是要達到一個目標，必須完成好幾項任務。

區分優先度可以大大增加效率以及自我滿足感。我們有時的確會感覺到工作一整天卻毫無進展，只要確立 3 個優先項目，就不會有這種感覺了。因為在一天結束時，你知道已經把最重要的事做好了。

理想中，在選擇每週的中間目標時，也要選定本週中每天的 3 項任務。但是如果你比較喜歡一天一天地實施 M3 計畫的話，也可以在前一天晚上睡覺前決定第二天的任務。首選是可以幫你達成本週中間目標的任務。如果計畫表中還有空位，就把待做清單上的事情列進去。

選定好每天的任務，估計一下每項任務需要多少時間完成，這樣可以增加效率。事實上，帕金森定理（Parkinson's law）告訴我們：「工作總會延長到填滿所有可用的時間。」譬如說一個人評估完成一項任務需要一星期，其實一天可能就夠了，因為認定需要一個星期，這個人就會拖延時間，以更長的時間來完成。最好的例子就是在最後關頭才寫作業的學生，這就是為什麼一定要預估任務所需時間。

規劃與生產力：時間區塊

在一天開始之際有個完整的時間表就可以大幅降低拖延

的機會。因為你無論在什麼時間點都準確知道要做什麼，你一直都有事情可以做。

所以在選出一天當中 3 個最重要的任務之後，就要規劃一天的時間，將所有時間區塊填滿，一個時間區塊等於一個小時，所以每天就會有 24 個時間區塊。

規劃時間時，請填滿 20 個時間區塊，從早上 5 點到夜間 12 點，所有區塊都必須填寫，在時間表上不能有空白。所以除了 3 件首要任務、個人以及工作上的事務之外，所有活動都要填寫：約會、睡眠、交通、吃飯、個人衛生、休息跟家事等等。

想要整天充滿動力，早上的時間區塊最好是用來做最討厭的工作，下午的時間區塊則留給你覺得比較輕鬆的事。因為一天開始時精力最充沛，然後就會隨著時間流逝而遞減。在精力高峰時做最辛苦的工作，然後在疲倦時用輕鬆的工作結束，會比較好忍受。

況且如果你知道在一天的盡頭還有件苦差事在等待，就有可能會犯拖延症的毛病，連輕鬆快樂的事都要花上很多時間。除了調適動力之外，從困難的事情開始做也可以增加產能。

這麼做也可以增加幸福指數，因為如果一整天都想著那件困難工作等著傍晚時完成，你會有什麼感覺？肯定會不太舒服！如果一開始就在早上解決它，就可以放下一個重擔，接下來一整天裡，你的心會比較平和，不會緊張。

最後，工作的時間區塊必須包括休息，長短因人而異。請決定最適合自己的節奏，譬如說，你可以專注工作45分鐘，拿15分鐘來休息；或者用法蘭西斯科‧西里洛（Francesco Cirillo）的番茄工作法：工作25分鐘休息5分鐘，在兩個時間區塊之後就休息長一點。

我的時間表

睡覺 *5h*	睡覺 *6h*	起床 *7h*	洗澡 吃早餐 *8h*
騎單車上班 *9h*	回帕特里克的電郵 *10h*	喝咖啡休息 *11h*	為進行中的案子做總結
跟羅紅絲午餐 *13h*	回桑德琳的電郵 *14h*	寫 1000 字的稿子 *15h*	休息 *16h*
跟團隊開會 *17h*	買東西 *18h*	完成健身房的報名 在 M3 中記錄 *19h*	晚餐 *20h*
看一集影集 *21h*	冥想 上床睡覺	睡覺 *23h*	睡覺 *24h*

在工作時，很重要的是不要分散注意力，每次只要集中在一項任務上，最好是能封閉自己完全不受外界影響，將手機調成飛行模式，把收件夾關起來，不要去看社交軟體。

如果周遭有其他人，我建議可以戴上耳機，即使什麼都不聽，光戴著耳機就可以讓周遭的人不來打擾，也就不會被打斷注意力。如果要聽著音樂工作，建議聽沒有歌詞的音樂，比較可以專注在任務上。

最後，工作的時候不要專注於一些細節，太過要求完美容易造成拖延。記住，如果要求進度迅速，多做一些不完美的工作會比少量的完美工作更有效。

待辦事項清單

每星期都會有一點時間可以寫下一些預期之外，或是跟目標不直接相關的事務，這樣可以把個人與工作相關的任務統合在一個地方。

如果你決定要做一件不可預期的任務，不要修改時間區塊，就運用大衛・艾倫（David Allen）《搞定！工作效率大師教你：事情再多照樣做好的搞定 5 步驟》（*Getting things Done*）中的待辦事項管理法：

- 這件事如果在兩分鐘之內可以做完，就馬上做，不需要寫在清單上，因為寫的時間就跟做的時間差不多了，還會無謂地加長清單。

- 如果要花兩分鐘以上，那就加入下星期的待辦事項清單，一旦把事情寫下來，就增加實現的可能性，況且這樣可以從思緒中解放出來，不用整天都想著它。

用艾森豪矩陣（Eisenhower Matrix）分類待辦事項。這個方法可以將任務根據重要程度跟緊急程度分成 4 類：

我的待辦事項清單

重要但不緊急	重要且緊急
在 IG 上發兩張相片	完成健身房的報名
打電話給蘇菲	付房租
買新的運動短褲	

緊急但不重要	不緊急也不重要
沒有	回帕特里克的電郵

區分重要性跟緊急程度相當容易，緊急性是強加的，而重要性則是選擇的。拿一個學生來當比喻：如果有一份作業兩天後要交，這就是個緊急事項；如果是 3 個月後才要交，那就不緊急；這個作業如果占學期成績一半的話，他會認為這個作業很重要。相反的，如果作業完全不計分，那就有可能被歸類為不重要。

根據經驗，緊急事項通常都會被完成，而如果沒有緊急程度的話，這件事就會一直被拖延，直到它變緊急。然而擱著一件事，等著它慢慢變緊急才去完成，這會讓人心情緊張，好像被時間追著跑，而不是控制時間的感覺。

所以當你在計畫待辦事項的時候，將優先性給那些重要但是並不緊急的事項，在它們變緊急之前先做好。根據這個原則修改原來的矩陣，把這個類別放在 M3 筆記的左上角。

最後，清除清單上最後一類事項：如果這些事既不重要也不緊急，那有什麼必要做呢？時間是寶貴的，可以用來做其他事。

幸福感與正向思考

在 M3 筆記每一天的頁面上都有一個留給幸福感的空間。

在每天在睡覺之前，問自己這個問題：「今天有什麼事情讓我覺得幸福？」

這個練習的目的是在睡前安撫心情，並且習慣正向思考。如果不是每天想的話，很容易就會忘記一天之內的好事，只想那些沒照預想發展的事。

你可以在這個空間裡寫出感謝，給自己正面肯定，寫出一個感謝活著的理由，或者解釋過了美好的一天，學習感謝當下。

成績單：進步點數

每個星期都要計算自己的進步點數，可以用來評估進步了多少，為朝向目標邁進增添趣味。進步點數可以用 3 個標準來衡量：

● 達標

每週達成一個目標可以得 4 點，如果有一個項目沒達標就沒有點數，如果達成了所有目標的一半可以得一半的進步點數。以一個禮拜 3 個目標來說，最高可以得 12 點。如果把時間用在正確的任務上，就可以得到高分。

● 每筆記錄

自我紀律是達成目標的關鍵，就像每天都要刷牙一樣，每天都要在 M3 筆記上做記錄。每次記錄可以獲得 1 點，如果每天都記錄，一週就可以拿 7 點，沒記錄就沒點數。

● 出席聚會

出席每週一次的贏家俱樂部，或者是跟自己的小團體分享交流，就可以拿到 6 點（請參考步驟 5）。如果沒有組成團隊或者缺席的話，就沒有點數。

所以一星期中你可能獲得的點數是 0 到 25 個進步點數。在為期 4 週的一期結束後就是 0 到 100 點。

我的進步點數	
目標 1	4/4
目標 2	2/4
目標 3	3/4
每筆記錄	7/7
參與聚會	4/6
總點數	20/25

總結：問卷

在每星期結束後都要回答一份問卷，用來做總結。這份問卷的目的在於跟上進程，幫助你多多發掘強項，改善弱點。上面總共有 4 個問題：

● **實踐**：這個星期實踐了什麼？還剩下什麼要做？這個問題很有用，可以幫助你整理成果，順便盤點還剩下什麼任務才能達成目標。

● **成功**：獲得了哪些成功？為什麼？要如何複製成功經驗？這個答案幫助分析本週的成功，以便在下週使用同樣的方法獲得成功。

● **困難**：遇到了什麼困難？如何克服的？分析這個問題可以幫助你下次更容易克服困難。

● **學習**：學到了什麼？印象最深刻的事是什麼？這個問題就是本週所學習到的東西，寫下日後想要記住的東西。

問卷的問題並不侷限在跟目標有關的事情上，你也可以寫一些更私人的答案，譬如說在「困難」類，可以寫下本週遇到的個人問題。

這種一星期一次的自我反思對進程極為重要，更可以幫你一週一週地成長為更好的人。另外，在一期結束後回頭閱讀這些答案會很有意思，可以觀察到自己進步的痕跡。

重點整理

- 每個星期先選定 3 項優先目標，必須在 7 天之內完成，並且每天都要制定 3 項首要任務。

- 用時間區塊來劃分每一天，一個區塊代表一小時，每個區塊都必須填寫。早上的區塊要用來完成那些看起來最困難的任務。

- 分配給工作的區塊必須包含休息時間在內。休息的時間與節奏因人而異，重要的是一次只集中在一件任務上，不要讓注意力渙散。

- 待辦事項清單包含了預期之外的事，以及不是直接跟主要目標相關的事。這些事項以重要程度跟緊急程度來區分，注意力必須集中在那些很重要但是不那麼緊急的事務上。

- 每天睡前都要回答一個問題：「今天有什麼事情讓我覺得幸福？」用來舒緩神經，並習慣正向思考。

- 每星期計算進步點數，一開始制定的 3 項目標，每達成一項可以得到 4 點，每天在 M3 筆記上記錄也可以得到 1 點，

參加贏家俱樂部聚會或是其他的網上互助團體可以得到 6 點，所以每星期總點數是 25 點，一期總共 100 點。

- 每週都以回答 4 個問題來完成總結：實踐、成功、困難、學習。回答這些問題可以讓自己跟上進度，並且不斷進步。

步驟 5
建立
贏家精神俱樂部

你有沒有注意到，比起單獨一個人，當一群人在一起時行動力更容易提高？譬如說要運動的時候？因為自律不見得每次都有用，所以周圍若有一群散發正能量的人，就可以幫助你維持每天的動力。這是所有步驟裡最重要的一環，因為身邊的同儕將對你個人的成功發揮巨大的影響。

什麼是贏家精神？

我們平常接觸的人跟成長環境塑造了我們的個性，根據知名的個人成長大師吉姆‧羅恩（Jim Rohn）所示，我們就是身邊最親近的 5 個人的加總平均。具體而言，我們會受到同儕非常大的影響，只要看看周遭就可以了解這種說法有多正確。正能量跟企圖心是會傳染的，不幸的是，反過來也一樣。

有贏家精神的人是有責任感的人，他想要成長，而且有實踐計畫，不同於那些只會抱怨自身處境，卻一直拖著，完全沒有任何改善計畫的人。有贏家精神的人只要聚在一起就會將整體往上提升，而那些抱有輸家心態的人只會把大家往下拉。這就是為什麼謹慎選擇社交團體很重要。

當你閱讀本書，而且準備要實踐 M3 筆記，就表示你有自我成長的欲望，你就被歸類在贏家了。在周遭選出其他擁有贏家精神的人，然後一起組成一個贏家精神俱樂部。

為什麼要建立這種俱樂部？

　　贏家精神俱樂部是一個分享團體，可以跟同伴交換各自的成長進度。這 3 年多以來，我研究這個方法的使用者如何實踐，那些成功達標的人跟其他人有什麼不同。我發現，那些參與贏家精神俱樂部的人不會放棄，而其他的人則會漸漸失去一開始的動力。這個現象有兩個主要原因：

● 正能量的環境

　　如果是俱樂部一員，你會在一個友善且活潑的環境中發展，讓人有挑戰自我的想法。這種正能量能讓我們向上提升，引導出最好的部分，也可以轉變一些看起來挺麻煩的事，「為了達成目標而努力」可以變成有趣的團體挑戰。

● 常在的支持

　　加入贏家精神俱樂部就是進入一個團隊，這表示你已經不再是一個人了！其他的組員會真心關懷你的故事，也會觀察你的進度，在你動力減弱時，他們會是第一個為你加油的人。俱樂部的成員可以分享各自的經驗，以及每個人不同的觀點，這些都很寶貴，特別是如果在俱樂部中，有人曾經達成過你預定的目標。

　　贏家精神俱樂部的重要性由加州多明尼克大學（Dominican University of California）的心理學教授蓋兒·馬修斯（Gail

Matthews）的一項研究證實：如果向朋友分享自己的目標，宣告行動計畫的話，成功達標的機率是 62%。參與研究的人當中如果每星期都跟朋友分享進度的話，達標的百分比就會上升到 76%。

如何用選擇動機夥伴

　　贏家精神俱樂部的成員最多 3 個，因為如果成員越多，每次聚會的時間就會拖越長，而且心得交換品質也會受到影響。選擇夥伴要遵守 2 個標準：

① 選擇真正有動力的人

　　俱樂部的成敗跟選擇對的人有很重要的關聯。成員可以有相同的或不同的目標，但是如果你能找到目標相同，或者在過去有過類似經驗的人，就要抓緊機會，因為他們的經驗可以幫助你。

　　然而結盟最重要的標準還是要確認對方的動機，必須保證他們願意投入，並且在每次聚會都到場。如果想邀請入會的人有猶豫或者缺乏熱忱，那就不要邀請他，他若中途放棄的話也會對你的動力造成不好的影響。

2　最好是在你的社交圈以外的人

邀請一個朋友、伴侶、家人或是同事一起組成俱樂部，這是最容易入手，也足以開始第一期計畫。但是有一種同盟可以帶來更多收穫……那就是跟不認識的人結盟！譬如說朋友的朋友，一個在網上 M3 筆記團體中認識的人，或者如果你是公司老闆的話，可以找一個在我私人俱樂部裡的會員。跟一個陌生人或認識不多的人結盟有多重好處：其一是對不是朋友的人會比較難找到藉口，也會比較不好意思取消聚會；第二個好處是，這是認識新朋友的大好機會。

由於 M3 筆記的關係，很多不相識的人就這樣相連起來，就連我也都因此認識了一些人，後來都成為我的朋友。這個俱樂部除了會是一個動力來源，也會是一個很棒的社交紐帶，除了可以加強跟已認識的人的關聯，也會跟一些正向的人創造出新的連結。如果每一期都換新成員的話，你的社交圈在一年之內就可以拓展 12 到 24 人！

最後要說，如果這個俱樂部要正常運轉，成員在態度上有 3 個必要守則：

1. **友善**：為了彼此的和諧與信任，友善必不可少。俱樂部並沒有非成功不可的壓力，評價夥伴或表現自己都不是該有的態度，大家只是聚在一起互相聆聽、打氣，在各自的道路上一同進步。

2. **尊重**：表達自己看法時要注意態度，多用疑問句，少用命令句，譬如說：「你不覺得……？」或「你有沒有想到……？」這表示你有自覺到夥伴的時間也很寶貴。譬如說，如果俱樂部有個成員每次都遲到，或者每次都一直聊天，還不停滑手機，這樣真的很讓人火大。

3. **誠實**：如果整體氣氛都很友善，就比較容易對自己也對別人誠實，不用擔心被評論，在進度上如果對夥伴說謊，或者為自己遇到的困難找理由都是沒有建設性的，請採取負責任的態度，遇到了困難就誠實說出來，其他人才能幫你找到克服的方法，你也可以因為學習而成長。當有夥伴請你發表意見的時候也要誠實，只說他想聽的話並不會對他有幫助，請以友善尊重的態度誠實告之。

這些態度看起來很平常，然而我卻觀察到並不是每次每個人都遵守。如果你的俱樂部成員沒有遵守以上幾個原則的話，請告訴他並提醒他這個團體的目的，如果他不聽勸告又再犯，就要請他離開，把空出來的位置留給新成員，保持氣氛正向又有益於進步。

贏家精神俱樂部如何運作？

俱樂部一星期聚會一次，可以是實質到場或是網上聚會（Facebook, Skype, WhatsApp），一期聚會 5 次，第一次聚會就是每一期的開始。一旦決定俱樂部的成員，在第一次聚會之前，就必須制定出合作框架，並且在兩方面取得協調：

1. **聚會的日子**：在同一期中，聚會將固定在每一週的同一天同一時間同一場地舉行，這樣可以避免浪費時間（以及精力）再去決定。盡可能選擇有利於工作而不是吵雜的場地，並且對每個人都一樣便利的地點。

2. **俱樂部會長**：任期是一整期，每次聚會由會長主持。好的團隊領導人必須公正負責，他要確認每場聚會所有人都會到場，而且確保每個人發言的時間都被尊重。通常會由最有經驗的人擔任。

第一次聚會的時候，每個成員要自我介紹，然後宣布自己的目標跟獎勵。聚會的時候也要選擇一個集體的獎勵，跟個人獎勵不一樣，只有在所有成員都達到自己預定的目標時才能獲得（週末去旅行或者上好餐廳吃飯等等），團體獎勵可以鼓勵成員們互相幫忙，即使每個人的目標不一樣，也可以把大家凝聚在一個共同目標下。

之後在每一個聚會之前，每個成員都要先評量過去的一週，同時也要做好下一週的計畫，在聚會的時候向其他成員報告。

最後在第 5 次聚會時，大家一起做該期的總結。這個時候除了講述自己的事之外，也要就整體提出討論，在這次聚會結尾時決定是不是可以得到集體獎勵。如果大家願意繼續合作，就決定下一期開始的時間。

聚會採互動形式，每個人都有個人發表時間，還會有集體的聆聽與交換時間。以下是聚會的程序：

1. 熱身（1 分鐘）

在這個階段，每個成員輪流發表上週最正面的事項，可以是好消息或是讓他們自傲的事，這個正面事項不限領域，可以跟目標有關，跟工作有關，也可以是個人的事。重點是要在正能量的狀態下聚會。每個人限制說話時間 1 分鐘。

2. 評量（10 分鐘）

每個成員要對夥伴提交過去這一週的進度報告，有沒有達到訂定的 3 個目標，以及這個星期得到的進步點數，時間是每個人 10 分鐘。當一個成員報告完，其他成員可以與他交流或提問。

3. **計畫**（10 分鐘）

當每個成員都報告完上週成績之後，這時開始報告下一週的 3 項目標。成員們要在 M3 筆記的空格上記錄其他人的目標，跟上個階段一樣，每個人限時 10 分鐘，之後一樣有交流與提問時間。

參加這個俱樂部有利無害，而且是這個方法中最重要的一個步驟，可以讓你長期保持動力。我承認，參加贏家精神俱樂部花的時間可能會讓人卻步，但是你會獲得巨大的回饋，而且聚會時間絕對不會超過一個小時。如果你身邊沒有人願意加入，那不是放棄行動的理由！請你主動出擊！在網上發公告，跟有動機的人結盟，數以百計的團體都是這樣組成的，他們用 Skype 或 WhatsApp 這類軟體來聚會，你為什麼不可以呢？

重點整理

- 成長環境與接觸的人塑造我們的個性，一個贏家是個負責、期望進步，並且實踐計畫的人。

- 贏家精神俱樂部的成員不會放棄，他們在這個正能量環境裡成長，獲得支持的力量。

- 贏家精神俱樂部最多 3 個成員，每星期聚會一次，不論目標是否一致，重點是每個人都很有動力。

- 成員間有 3 項基本態度守則：友善、誠實、尊重。

- 網上團體的成員可以不用聚會，可以在線上互動。比較喜歡親身參與聚會的人則一星期聚會一次。

- 每一期聚會採固定時間地點，每星期同一天舉行。

- 聚會由會長主持，會長要負責監督每個成員出席，並且確認每個人有等長的說話時間。

- 一期有 5 次聚會，第一次聚會就是當期的開始。在這個時候大家決定共同的獎勵是什麼，只有在所有成員都達成設定目標的時候才有獎勵。

- 聚會採互動形式，每個人輪流說話，一起傾聽與分享，聚會分成 3 個階段：熱身、評量、計畫。

從今天開始行動吧！

我發現有些讀者在讀完這本書後並沒有馬上身體力行，理由各式各樣：害怕失敗、擔心別人會怎麼想，還有一些人想等到有個「好目標」或「好時機」，然後再讀其他十幾本書再開始行動。他們的共同點是什麼？就是……藉口都很爛！

我們只有這一生，而我們也知道人生終會結束，只是不知道是什麼時候。請想像，如果這一天在一年之後就會到來，你要做什麼才會了無遺憾？目標是什麼根本無所謂，就算在別人眼中很可笑，你也會去做，因為你突然意識到時間有限，流逝的時間再也回不來。目標的大小或前進的速度無關緊要，M3 筆記的目的從來就不是追求完美，而是追求進步。

所以不要等到最後一天才睜開眼，不要等到最後一天才發現沒有花足夠時間陪伴家人，或者你多希望能發展自己的計畫，今天就是最好的時機。請對自己誠實，永遠不會有所有條件都齊全的一天。如果不現在開始，可能永遠不會開始。

如果你介意別人的眼光？就別管他們了吧！首先，一般而言人都首先想到自己，其次，每個人都有想法的自由，接

受有建設性的批評，因為這是個改善自我的機會。如果只是單純的惡意呢？那就無視它。就我個人而言，我同情那些充滿恨意的人，因為他們的人生大概超級無聊，才會有時間想去破壞別人的人生。

最後，如果是恐懼失敗讓你裹足不前的話：請戰勝心中揮之不去的聲音，我們擔心的事有 99% 根本不會發生。如果還是不如預期的話怎麼辦？那就重新開始！障礙可以讓我們檢討自我，並且學習經驗，所以失敗是不存在的，今天的失敗代表明天的成功，這就是永遠不該擔心失敗的原因。

我強調要越早開始越好，那是因為我知道第一步永遠是最難跨出去的，但是我也知道這一步有多值得。在獲得所有獎勵之前一定是經過努力，沒有行動，永遠不可能有成果。找藉口的時間已經過了。如果你還沒有開始為自己的人生負責，你應該現在就背負起責任，不要有壓力，接受可能會有失落的時候，但你不是一個人！M3 筆記不只是一種方法，也是一個超過 25000 人的互助團體，人數還在陸續增加中。用樂觀跟正能量影響周圍的人，然後開始吧。過去抹不掉，但是未來待書寫，而今天就是提筆的絕佳日子。

致上祝福

達米安

不要用晚上的收穫量來評價白天，
　而是用你撒出去的種子數量。
　　──史蒂文森（R‧L‧Stevenson）

筆記

我的生活與想望

我怎麼展望 3 年後的生活？為什麼？

. . . .
. . . .
. . . .
. . . .

要過上這種生活，從現在開始一年內必須做到哪些事？

. . . .
. . . .
. . . .
. . . .

利用 M3 筆記一定要馬上做什麼改變，或採取哪些措施，
才能接近我的理想生活？

. . . .
. . . .
. . . .
. . . .

我最重要的 5 個目標

1 _____

2 _____

3 _____

4 _____

5 _____

目標之輪

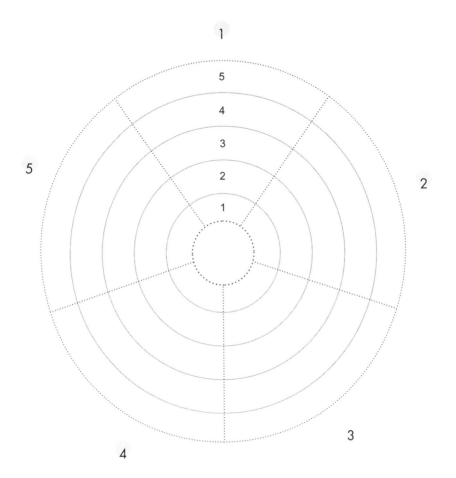

　　目標之輪可以將目標的進度視覺化（第 1 級最靠近中心，也是第 1 階段），隨著一期一期的進程，要時時回來更新這個圖，達到第 10 級就表示你達成目標了。

視覺化看板

好了，現在我們開始實際操作。
畫出或剪下在雜誌上你夢想中想要擁有的東西，把你認為重要的事物集中起來，將目標視覺化。

達成目標的獎勵點子

目標   獎勵

第 1 期行動

我的目標與動力

在這一期中，我要達到什麼（聰明的）目標？

達成這個目標為什麼對我很重要？

如果我達成目標會有什麼獎勵？

當這個目標達成後，接下來的階段是什麼？

當我們走上這條叫做晚一點的道路之後，
就會到達一個叫做永不的廣場。

——塞內卡（Sénèque）

我的行動計畫

在下方的計畫表中填入中間目標，但不超過我預估每星期用來做這件事的時間。

每星期我要在目標上花多少時間： ....

第 1 週

第 2 週

第 3 週

第 4 週

我的 M3 筆記合約

最後我會填寫這份合約，這個合約的象徵意義很高，因為它代表了對自己的承諾。

本人 .... 承諾最晚在 20 .... / .... / ....會達到設定的目標。

我的目標明確、可測量、具有企圖心且符合現實，而且有時效性，我會仔細地實踐行動計畫。

我很清楚自己的動機，而且只在達成目標的時候獎勵自己。

如果我選擇跟一群夥伴一起實踐，我承諾會認真參加贏家精神俱樂部的聚會，把握所有機會，保持動力，並在活動期間鼓勵我的夥伴。

為了成功，我會每天在 ....記錄我的 M3 筆記。

（地點）................................ 簽名：

（日期）20 .... / .... / ....

第 1 週　　從＿＿/＿＿ 到＿＿/＿＿（日期）

S1　　　　S2　　　　S3　　　　S4

本週的 3 個優先目標

1 ＿＿＿＿＿＿＿＿＿＿＿＿＿＿＿＿＿＿＿

2 ＿＿＿＿＿＿＿＿＿＿＿＿＿＿＿＿＿＿＿

3 ＿＿＿＿＿＿＿＿＿＿＿＿＿＿＿＿＿＿＿

我的待辦事項清單

重要但不緊急	重要且緊急

緊急但不重要	不緊急也不重要

成立俱樂部

俱樂部每週聚會

.........../........../..........（日期）..........點 在＿＿＿＿＿＿＿＿＿（地點）

俱樂部會長 　　　　　　　　集體獎勵

.... 　 ....

俱樂部成員

姓名：.............................. 　 **目標：**..............................

姓名：.............................. 　 **目標：**..............................

第 1 週準備事項

.... 的 3 個主要目標是：

1 ＿＿＿＿＿＿＿＿＿＿＿＿＿＿＿
2 ＿＿＿＿＿＿＿＿＿＿＿＿＿＿＿
3 ＿＿＿＿＿＿＿＿＿＿＿＿＿＿＿

.... 的 3 個主要目標是：

1 ＿＿＿＿＿＿＿＿＿＿＿＿＿＿＿
2 ＿＿＿＿＿＿＿＿＿＿＿＿＿＿＿
3 ＿＿＿＿＿＿＿＿＿＿＿＿＿＿＿

我每天早上的例行活動

醒來會做的前 3 件事

晚上的例行活動

睡前會做的 3 件事

本週的想法

第_____日：20_____ / _____ / _____

3 項優先任務　　　　　　　　　　花費時間

1 _____　……………………

2 _____　……………………

3 _____　……………………

> 毅力就是把不可能變成或許，把或許變成可能，
> 再把可能變成一定會成功。
> ——列夫·托洛斯基（Léon Trotsky）

時間表

幸福感：今天感到幸福的原因是什麼？

93

第 .... 日：20 .... / .... / ....

3 項優先任務 花費時間

1 _____ ....

2 _____ ....

3 _____ ....

只要有意願，我們就能做到。

——普魯斯特（Marcel Proust）

時間表

5h		7h	8h
9h	10h	11h	12h
13h	14h	15h	16h
17h	18h	19h	20h
21h	22h	23h	24h

幸福感：今天感到幸福的原因是什麼？

. . . .

第 .... 日：20 .... / .... /

3 項優先任務

花費時間

1 _____ ....

2 _____ ....

3 _____ ....

預知未來最好的方法，就是去創造它。

——彼得·杜拉克

時間表

5h	6h	7h	8h
9h	10h	11h	12h
13h	14h	15h	16h
17h	18h	19h	20h
21h	22h	23h	24h

幸福感：今天感到幸福的原因是什麼？

· ·

95

第 .... 日：20 .... / .... / ....

3 項優先任務

花費時間

1 _____ ....

2 _____ ....

3 _____ ....

沒有任何成功是簡單的，也沒有什麼失敗是永遠的。

——普魯斯特

時間表

5h	6h	7h	8h
9h	10h	11h	12h
13h	14h	15h	16h
17h	18h	19h	20h
21h	22h	23h	24h

幸福感：今天感到幸福的原因是什麼？

. . . .

第 .... 日：20 .... / .... / ....

3 項優先任務

花費時間

1 _____ ....
2 _____ ....
3 _____ ....

> 想要成功就記住這三句格言：見識即是知識，
> 意志即是力量，敢於就會擁有。
>
> ——繆塞（Alfred Musset）

時間表

幸福感：今天感到幸福的原因是什麼？

第 .... 日：20 .... / .... / ....

3 項優先任務　　　　　　　　　　　　　花費時間

1 _____ ....

2 _____ ....

3 _____ ....

那些等待所有危險都被排除後才揚帆的人永遠都不會出航。
——托馬斯·富勒（Thomas Fuller）

時間表

5h	6h	7h	8h
9h	10h	11h	12h
13h	14h	15h	16h
17h	18h	19h	20h
21h	22h	23h	24h

幸福感：今天感到幸福的原因是什麼？

. . . .

第 .... 日：20 .... / .... /

3項優先任務

花費時間

①　_____　........................

②　_____　........................

③　_____　........................

> 不是因為事情困難我們才不敢做，
> 而是因為我們不敢做事情才會變得困難。
>
> ——塞內卡

時間表

5h	6h	7h	8h
9h	10h	11h	12h
13h	14h	15h	16h
17h	18h	19h	20h
21h	22h	23h	24h

幸福感：今天感到幸福的原因是什麼？

. . . .

第 1 週總結

實踐

這個星期實現了什麼？還有什麼事情待做？

成功

做成了什麼？為什麼？要如何再繼續成功？

困難

碰到困難了嗎？我是如何克服的？

學習

學到什麼了？最讓我印象深刻的是什麼事？

本週最成功的事 | **本週最失敗的事**

我的進步點數

目標 1 .... /4

目標 2 .... /4

目標 3 .... /4

每筆記錄 .... /7

後援團 * .... /6

總點數 .... /25

* 如果出席俱樂部聚會，或者在網上跟成員交流就可以得分，如果沒有
後援團，你可以給自己的意志打分數。

第 2 週

從 ＿＿＿ / ＿＿＿ 到 ＿＿＿ / ＿＿＿（日期）

S1 ●　　　　S2 ●　　　　S3 ○　　　　S4 ○

本週的 3 個優先目標

1 ＿＿＿＿＿＿＿＿＿＿＿＿＿＿＿＿＿＿＿＿＿＿＿＿＿

2 ＿＿＿＿＿＿＿＿＿＿＿＿＿＿＿＿＿＿＿＿＿＿＿＿＿

3 ＿＿＿＿＿＿＿＿＿＿＿＿＿＿＿＿＿＿＿＿＿＿＿＿＿

我的待辦事項清單

重要但不緊急	重要且緊急
....	....
....	....
....	....
....	....
....	....

緊急但不重要	不緊急也不重要
....	....
....	....
....	....
....	....
....	....

第 2 次俱樂部聚會

俱樂部每週聚會

......./......./...... （日期）.......點 在.................................（地點）

....

....

....

....

....

第 2 週準備事項

.... 的 3 個主要目標是：

1 _____

2 _____

3 _____

.... 的 3 個主要目標是：

1 _____

2 _____

3 _____

我每天早上的例行活動
醒來會做的前 3 件事

晚上的例行活動
睡前會做的 3 件事

本週的想法

第 .... 日：20 .... / .... / ....

3 項優先任務

花費時間

① _____ ....

② _____ ....

③ _____ ....

一個人可能犯的最大錯誤，就是害怕犯錯。
——阿爾伯特・哈伯德（Elbert Hubbard）

時間表

幸福感：今天感到幸福的原因是什麼？

第 .... 日：20 .... / .... / ....

3 項優先任務

花費時間

① _____ ....

② _____ ....

③ _____ ....

成功就是屢戰屢敗而越挫越勇。
——溫斯頓・邱吉爾（Winston Churchill）

時間表

5h	6h	7h	8h
9h	10h	11h	12h
13h	14h	15h	16h
17h	18h	19h	20h
21h	22h	23h	24h

幸福感：今天感到幸福的原因是什麼？

第 .... 日：20 .... / .... / ....

3 項優先任務

花費時間

1 _____ ....

2 _____ ....

3 _____ ....

千里之行，始於足下。

——老子

時間表

5h	6h	7h	8h
9h	10h	11h	12h
13h	14h	15h	16h
17h	18h	19h	20h
21h	22h	23h	24h

幸福感：今天感到幸福的原因是什麼？

. . . .

第 .... 日：20 .... / .... / ....

3 項優先任務

花費時間

1 _____ ....

2 _____ ....

3 _____ ....

要了解可能性的極限，唯一的方法就是往不可能更進一步。
—— 亞瑟·C·克拉克（Arthur C. Clarke）

時間表

5h	6h	7h	8h
9h	10h	11h	12h
13h	14h	15h	16h
17h	18h	19h	20h
21h	22h	23h	24h

幸福感：今天感到幸福的原因是什麼？

· ·

108

第⋯⋯⋯日：20⋯⋯⋯ / ⋯⋯⋯ / ⋯⋯⋯

3 項優先任務

花費時間

① ⋯⋯⋯⋯⋯⋯⋯⋯⋯⋯⋯⋯⋯⋯⋯⋯⋯⋯⋯⋯⋯⋯⋯⋯⋯⋯

② ⋯⋯⋯⋯⋯⋯⋯⋯⋯⋯⋯⋯⋯⋯⋯⋯⋯⋯⋯⋯⋯⋯⋯⋯⋯⋯

③ ⋯⋯⋯⋯⋯⋯⋯⋯⋯⋯⋯⋯⋯⋯⋯⋯⋯⋯⋯⋯⋯⋯⋯⋯⋯⋯

最困難的是決定要付諸行動，接下來就只是韌性的問題了。
——愛蜜莉亞．艾爾哈特（Amelia Earhart）

時間表

幸福感：今天感到幸福的原因是什麼？

第 .... 日：20 .... / .... / ....

3 項優先任務

花費時間

① _____ ....

② _____ ....

③ _____ ....

失敗為成功之基石。

——諺語

時間表

5h	6h	7h	8h
9h	10h	11h	12h
13h	14h	15h	16h
17h	18h	19h	20h
21h	22h	23h	24h

幸福感：今天感到幸福的原因是什麼？

第 .... 日：20 .... / .... / ....

3 項優先任務　　　　　　　　　　　花費時間

1　_____　..............

2　_____　..............

3　_____　..............

> 如果不冒任何險的話，才是冒更大的險。
> ——艾麗卡·鍾（Erica Jong）

時間表

5h	6h	7h	8h
9h	10h	11h	12h
13h	14h	15h	16h
17h	18h	19h	20h
21h	22h	23h	24h

幸福感：今天感到幸福的原因是什麼？

. . . .

第 2 週總結

實踐

這個星期實現了什麼？還有什麼事情待做？

. . . .

. . . .

. . . .

成功

做成了什麼？為什麼？要如何再繼續成功？

. . . .

. . . .

. . . .

困難

碰到困難了嗎？我是如何克服的？

. . . .

. . . .

. . . .

學習

學到什麼了？最讓我印象深刻的是什麼事？

. . . .

. . . .

. . . .

本週最成功的事

本週最失敗的事

我的進步點數

目標 1 .... /4

目標 2 .... /4

目標 3 .... /4

每筆記錄 .... /7

後援團 * .... /6

總點數 .... /25

* 如果出席俱樂部聚會，或者在網上跟成員交流就可以得分，如果沒有
後援團，你可以給自己的意志打分數。

第 3 週

S1 ● S2 ● S3 ● S4

本週的 3 個優先目標

1. ＿＿＿＿＿＿＿＿＿＿＿＿＿＿＿＿＿＿＿＿＿＿＿＿＿＿

2. ＿＿＿＿＿＿＿＿＿＿＿＿＿＿＿＿＿＿＿＿＿＿＿＿＿＿

3. ＿＿＿＿＿＿＿＿＿＿＿＿＿＿＿＿＿＿＿＿＿＿＿＿＿＿

我的待辦事項清單

重要但不緊急	重要且緊急

緊急但不重要	不緊急也不重要

第 3 次俱樂部聚會

俱樂部每週聚會

.........../........../........（日期）.........點　在...（地點）

第 3 週準備事項

....的 3 個主要目標是：

1 _____

2 _____

3 _____

....的 3 個主要目標是：

1 _____

2 _____

3 _____

我每天早上的例行活動
醒來會做的前 3 件事

晚上的例行活動
睡前會做的 3 件事

本週的想法

第 .... 日：20 .... / .... / ....

3 項優先任務

花費時間

① _____ ....
② _____ ....
③ _____ ....

> 找到一個好點子就不要放棄，跟著點子走，
> 實踐起來，一直到成功為止。
> ──華特·迪士尼（Walt Disney）

時間表

幸福感：今天感到幸福的原因是什麼？

第 .... 日：20 .... / .... / ....

3 項優先任務

花費時間

1 _____ ....

2 _____ ....

3 _____ ....

有耐心的人才能得到他們想要的。

——富蘭克林（Benjamin Franklin）

時間表

5h	6h	7h	8h
9h	10h	11h	12h
13h	14h	15h	16h
17h	18h	19h	20h
21h	22h	23h	24h

幸福感：今天感到幸福的原因是什麼？

第 .... 日：20 .... / .... / ....

3 項優先任務

花費時間

1 _____ _____

2 _____ _____

3 _____ _____

> 我從很早以前就學到，有些事比沒達到目標還糟，
> 那就是沒有採取行動。
>
> ── 米亞‧哈姆（Mia Hamm）

時間表

5h	6h	7h	8h
9h	10h	11h	12h
13h	14h	15h	16h
17h	18h	19h	20h
21h	22h	23h	24h

幸福感：今天感到幸福的原因是什麼？

. . . .

第 .... 日：20 .... / .... / ....

3 項優先任務

花費時間

1 _____ ....

2 _____ ....

3 _____ ....

你可不能像在溜滑梯上頭的小孩一樣沉思不動，你必須滑下來。

——蒂娜‧費（Tina Fey）

時間表

5h	6h	7h	8h
9h	10h	11h	12h
13h	14h	15h	16h
17h	18h	19h	20h
21h	22h	23h	24h

幸福感：今天感到幸福的原因是什麼？

第 ......日：20......... / .... / ....

3 項優先任務

花費時間

1 _____ ....

2 _____ ....

3 _____ ....

如果你還不能成大事，那就用出色的方式做些小事。
——拿破崙·希爾（Napoleon Hill）

時間表

幸福感：今天感到幸福的原因是什麼？

121

第.......日：20.......／........／........

3 項優先任務

花費時間

1. _____ ....
2. _____ ....
3. _____ ....

卓越並不來自單一的衝動，而是一連串小要素的集合。

—— 梵谷（Vincent Van Gogh）

時間表

5h	6h	7h	8h
9h	10h	11h	12h
13h	14h	15h	16h
17h	18h	19h	20h
21h	22h	23h	24h

幸福感：今天感到幸福的原因是什麼？

. . . .

第 .... 日：20 .... / .... / ....

3 項優先任務

花費時間

① _____ ....

② _____ ....

③ _____ ....

不要因為實現一個夢想所需要的時間而放棄它，時間反正是會流逝的。
——厄爾·南丁格爾（Earl Nightingale）

時間表

5h	6h	7h	8h
9h	10h	11h	12h
13h	14h	15h	16h
17h	18h	19h	20h
21h	22h	23h	24h

幸福感：今天感到幸福的原因是什麼？

· ·

第 3 週總結

實踐

這個星期實現了什麼？還有什麼事情待做？

成功

做成了什麼？為什麼？要如何再繼續成功？

困難

碰到困難了嗎？我是如何克服的？

學習

學到什麼了？最讓我印象深刻的是什麼事？

本週最成功的事 | **本週最失敗的事**

我的進步點數

目標 1 .... /4

目標 2 .... /4

目標 3 .... /4

每筆記錄 .... /7

後援團 * .... /6

總點數 .... /25

* 如果出席俱樂部聚會，或者在網上跟成員交流就可以得分，如果沒有後援團，你可以給自己的意志打分數。

第 4 週　　　從 ____ / ____ 到 ____ / ____（日期）

S1　　　　　　S2　　　　　　S3　　　　　　S4

本週的 3 個優先目標

1 _____

2 _____

3 _____

我的待辦事項清單

重要但不緊急	重要且緊急
....	....
....	....
....	....
....	....
....	....

緊急但不重要	不緊急也不重要
....	....
....	....
....	....
....	....

第 4 次俱樂部聚會

俱樂部每週聚會

......../......../........（日期）........點 在 ....（地點）

第 4 週準備事項

..............................的 3 個主要目標是：

1 ....

2 ....

3 ....

..............................的 3 個主要目標是：

1 ....

2 ....

3 ....

127

我每天早上的例行活動
醒來會做的前 3 件事

晚上的例行活動
睡前會做的 3 件事

本週的想法

第 .... 日：20 .... / .... / ....

3 項優先任務

花費時間

1 _____ ....
2 _____ ....
3 _____ ....

> 唯一能對你說「你沒辦法做到」的人是你自己，
> 而且你根本不需要聽。
> ── 潔西卡・恩尼斯（Jessica Ennis）

時間表

5h	6h	7h	8h
9h	10h	11h	12h
13h	14h	15h	16h
17h	18h	19h	20h
21h	22h	23h	24h

幸福感：今天感到幸福的原因是什麼？

. . . .

第 .... 日：20 .... / .... / ....

3 項優先任務

花費時間

1 _____ ....

2 _____ ....

3 _____ ....

有些人會想要它實現，另一些人寄望它實現，
還有一些人則會努力讓它實現。

——麥可‧喬丹（Michael Jordan）

時間表

5h	6h	7h	8h
9h	10h	11h	12h
13h	14h	15h	16h
17h	18h	19h	20h
21h	22h	23h	24h

幸福感：今天感到幸福的原因是什麼？

. . . .

第 .... 日：20 .... / .... / ....

3 項優先任務

花費時間

1 _____ ....

2 _____ ....

3 _____ ....

想要實現遠程目標的人必須小步前進。

—— 索爾·貝婁（Saul Bellow）

時間表

5h	6h	7h	8h
9h	10h	11h	12h
13h	14h	15h	16h
21h	22h	23h	24h

幸福感：今天感到幸福的原因是什麼？

. . . .

第 .... 日：20 .... / .... / ....

3 項優先任務

花費時間

1 _____ ....
2 _____ ....
3 _____ ....

失敗只有一種方式，就是在成功之前放棄。
——喬治‧克里蒙梭（Georges Clemenceau）

時間表

5h	6h	7h	8h
9h	10h	11h	12h
13h	14h	15h	16h
17h	18h	19h	20h
21h	22h	23h	24h

幸福感：今天感到幸福的原因是什麼？

第........日：20........ /...... /.......

3項優先任務

花費時間

1 _____ ....
2 _____ ....
3 _____ ....

想看到彩虹必先忍受雨水。

——中國諺語

時間表

幸福感：今天感到幸福的原因是什麼？

第 .... 日：20 .... / .... / ....

3 項優先任務

花費時間

1 _____ ....

2 _____ ....

3 _____ ....

必須像不可能失敗一樣去行動。

──邱吉爾

時間表

5h	6h	7h	8h
9h	10h	11h	12h
13h	14h	15h	16h
17h	18h	19h	20h
21h	22h	23h	24h

幸福感：今天感到幸福的原因是什麼？

....

第 .... 日：20 .... / .... / ....

3 項優先任務

花費時間

1. _____ ....

2. _____ ....

3. _____ ....

永遠不要接受失敗，你距離成功也許只有一步而已。
—— 傑克・艾丁頓（Jack E. Addington）

時間表

幸福感：今天感到幸福的原因是什麼？

第 4 週總結

問卷

實踐

這個星期實現了什麼？還有什麼事情待做？

成功

做成了什麼？為什麼？要如何再繼續成功？

困難

碰到困難了嗎？我是如何克服的？

學習

學到什麼了？最讓我印象深刻的是什麼事？

本週最成功的事　　　本週最失敗的事

我的進步點數

目標 1 .... /4

目標 2 .... /4

目標 3 .... /4

每筆記錄 .... /7

後援團 * .... /6

總點數 .... /25

* 如果出席俱樂部聚會，或者在網上跟成員交流就可以得分，如果沒有
後援團，你可以給自己的意志打分數。

第 1 期總結

第 1 期成績單

把所有進步點數記到圖表上，畫出進步曲線，計算本期的分數。

我的進步總結

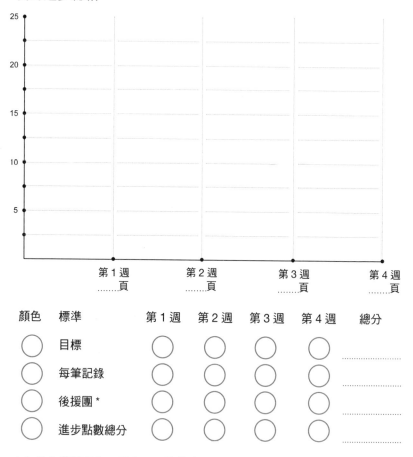

顏色	標準	第 1 週	第 2 週	第 3 週	第 4 週	總分
◯	目標	◯	◯	◯	◯	....
◯	每筆記錄	◯	◯	◯	◯	....
◯	後援團 *	◯	◯	◯	◯	....
◯	進步點數總分	◯	◯	◯	◯	....

* 如果你單獨進行，那就不必計算後援團的分數

本期分數（第 1 週＋第 2 週＋第 3 週＋第 4 週）＝ .... /100

本期團體總結

每個成員都達到目標了嗎？　　　　　◯ 是 ◯ 否

是否有團體獎勵？　　　　　　　　　◯ 是 ◯ 否

是否要一同繼續進行下一期？　　　　◯ 是 ◯ 否

如果是的話，何時開始下一期？　　　日期 20...../ ...../ .....

第 2 期行動

我的目標與動力

在這一期中，我要達到什麼（聰明的）目標？

達成這個目標為什麼對我很重要？

如果我達成目標會有什麼獎勵？

當這個目標達成後，接下來的階段是什麼？

人生太短，不能用來後悔那些沒勇氣嘗試的事。

——瑪麗克勞德・布希耶和湯伯雷

（Marie-Claude Bussières-Tremblay）

我的行動計畫

在下方的計畫表中填入中間目標,但不超過我預估每星期用來做這件事的時間。

每星期我要在目標上花多少時間:..........................

第 1 週

第 2 週

第 3 週

第 4 週

我的 M3 筆記合約

最後我會填寫這份合約，這個合約的象徵意義很高，因為它代表了對自己的承諾。

本人 .... 承諾最晚在 20......../........../........會達到設定的目標。

我的目標明確、可測量、具有企圖心且符合現實，而且有時效性，我會仔細地實踐行動計畫。

我很清楚自己的動機，而且只在達成目標的時候獎勵自己。

如果我選擇跟一群夥伴一起實踐，我承諾會認真參加贏家精神俱樂部的聚會，把握所有機會，保持動力，並在活動期間鼓勵我的夥伴。

為了成功，我會每天在............記錄我的 M3 筆記。

（地點）..............................　　簽名：

（日期）20........./........./.........

第 1 週　　　從 ＿＿ / ＿＿ 到 ＿＿ / ＿＿（日期）

S1 ────── S2 ────── S3 ────── S4 ➤

本週的 3 個優先目標

1 ＿＿＿＿＿＿＿＿＿＿＿＿＿＿＿＿＿＿＿＿＿＿

2 ＿＿＿＿＿＿＿＿＿＿＿＿＿＿＿＿＿＿＿＿＿＿

3 ＿＿＿＿＿＿＿＿＿＿＿＿＿＿＿＿＿＿＿＿＿＿

我的待辦事項清單

重要但不緊急	重要且緊急

緊急但不重要	不緊急也不重要

成立俱樂部

俱樂部每週聚會

........./.........../........（日期）........點 在.................................（地點）

俱樂部會長　　　　　　　　集體獎勵

....　　.......................................

俱樂部成員

姓名：.................................　目標：.................................

姓名：.................................　目標：.................................

第 1 週準備事項

....的 3 個主要目標是：

1 _____

2 _____

3 _____

....的 3 個主要目標是：

1 _____

2 _____

3 _____

我每天早上的例行活動
醒來會做的前 3 件事

晚上的例行活動
睡前會做的 3 件事

本週的想法

第 .... 日：20 .... / .... / ....

3 項優先任務

花費時間

① _____ ....

② _____ ....

③ _____ ....

開始如果看起來很微小也沒有關係。

——亨利・大衛・梭羅（Henri David Thoreau）

時間表

幸福感：今天感到幸福的原因是什麼？

第............日：20............ / .... / ....

3 項優先任務

花費時間

1 _____ ....

2 _____ ....

3 _____ ....

當一切看起來都像在跟你作對時，要知道，
飛機是迎風起飛，而不是順風。

——亨利・福特（Henry Ford）

時間表

5h	6h	7h	8h
9h	10h	11h	12h
13h	14h	15h	16h
17h	18h	19h	20h
21h	22h	23h	24h

幸福感：今天感到幸福的原因是什麼？

....

第……… 日：20…… / …… / …………

3 項優先任務　　　　　　　　　　　　花費時間

1 ＿＿＿＿＿＿＿＿＿＿＿＿＿＿　…………

2 ＿＿＿＿＿＿＿＿＿＿＿＿＿＿　…………

3 ＿＿＿＿＿＿＿＿＿＿＿＿＿＿　…………

世界上唯一成功可以排在工作之前的地方，叫做字典。
——維達・沙宣（Vidal Sassoon）

時間表

5h	6h	7h	8h
9h	10h	11h	12h
13h	14h	15h	16h
17h	18h	19h	20h
21h	22h	23h	24h

幸福感：今天感到幸福的原因是什麼？

第 .... 日：20 .... / .... / ....

3 項優先任務

1 _____

2 _____

3 _____

花費時間

....

....

....

成功就是跌倒七次，爬起來八次。

—— 日本諺語

時間表

5h	6h	7h	8h
9h	10h	11h	12h
13h	14h	15h	16h
17h	18h	19h	20h
21h	22h	23h	24h

幸福感：今天感到幸福的原因是什麼？

第.......日：20......../ ..../ ....

3 項優先任務

花費時間

1 _____ ....
2 _____ ....
3 _____ ....

困難不是用來擊倒人，而是要被擊倒的。
——查爾斯·德·蒙塔倫貝爾（Charles de Montalembert）

時間表

幸福感：今天感到幸福的原因是什麼？

155

第 .... 日：20 .... / .... / ....

3 項優先任務

花費時間

1 _____ ....

2 _____ ....

3 _____ ....

> 只要相信能到達，你就已經在半途上了。
>
> ——狄奧多·羅斯福（Theodore Roosevelt）

時間表

5h	6h	7h	8h
9h	10h	11h	12h
13h	14h	15h	16h
17h	18h	19h	20h
21h	22h	23h	24h

幸福感：今天感到幸福的原因是什麼？

第 .... 日：20 .... / .... / ....

3 項優先任務　　　　　　　　　　　　　花費時間

① _____　　　.................

② _____　　　.................

③ _____　　　.................

做一切會使你恐懼的事。

——愛默生（Ralph Waldo Emerson）

時間表

幸福感：今天感到幸福的原因是什麼？

第 1 週總結

問卷

實踐

這個星期實現了什麼？還有什麼事情待做？

成功

做成了什麼？為什麼？要如何再繼續成功？

困難

碰到困難了嗎？我是如何克服的？

學習

學到什麼了？最讓我印象深刻的是什麼事？

本週最成功的事 | **本週最失敗的事**

我的進步點數

目標 1 .... /4

目標 2 .... /4

目標 3 .... /4

每筆記錄 .... /7

後援團 * .... /6

總點數 .... /25

* 如果出席俱樂部聚會，或者在網上跟成員交流就可以得分，如果沒有
後援團，你可以給自己的意志打分數。

第 2 週　　從＿＿／＿＿到＿＿／＿＿（日期）

S1　　S2　　S3　　S4

本週的 3 個優先目標

1 _____

2 _____

3 _____

我的待辦事項清單

重要但不緊急	重要且緊急
....	....
....	....
....	....
....	....
....	....

緊急但不重要	不緊急也不重要
....	....
....	....
....	....
....	....
....	....

第 2 次俱樂部聚會

俱樂部每週聚會

........./......./.........（日期）........點 在..（地點）

....

....

....

....

第 2 週準備事項

....的 3 個主要目標是：

1 _____

2 _____

3 _____

....的 3 個主要目標是：

1 _____

2 _____

3 _____

我每天早上的例行活動
醒來會做的前 3 件事

晚上的例行活動
睡前會做的 3 件事

本週的想法

162

第 .... 日：20 .... / .... / ....

3 項優先任務

花費時間

1 _____ ....

2 _____ ....

3 _____ ....

想要更新目標或者實現夢想，你永遠都不會太老。
——C・S・路易斯（C. S. Lewis）

時間表

5h	6h	7h	8h
9h	10h	11h	12h
13h	14h	15h	16h
21h	22h	23h	24h

幸福感：今天感到幸福的原因是什麼？

. . . .

第 .... 日：20 .... / .... / ....

3 項優先任務

花費時間

1 _____ ....

2 _____ ....

3 _____ ....

沒有任何一件事可以在孤獨中完成。

——畢卡索（Pablo Picasso）

時間表

5h	6h	7h	8h
9h	10h	11h	12h
13h	14h	15h	16h
17h	18h	19h	20h
21h	22h	23h	24h

幸福感：今天感到幸福的原因是什麼？

· ·

第 .... 日：20 .... / .... / ....

3 項優先任務

花費時間

1 _____ ....

2 _____ ....

3 _____ ....

我可以接受失敗，所有人都可能會失敗，但不去嘗試我無法接受。
——麥可·喬丹

時間表

幸福感：今天感到幸福的原因是什麼？

· ·

第 .... 日：20 .... / .... / ....

3 項優先任務

花費時間

1 _____   ....

2 _____   ....

3 _____   ....

成功的主要關鍵在於行動。

——畢卡索

時間表

5h	6h	7h	8h
9h	10h	11h	12h
13h	14h	15h	16h
17h	18h	19h	20h
21h	22h	23h	24h

幸福感：今天感到幸福的原因是什麼？

. . . .

第 .... 日：20 .... / .... / ....

3 項優先任務

花費時間

1 _____ ....

2 _____ ....

3 _____ ....

成功就是在失敗與失敗之間遊走，卻仍然維持動力。

——邱吉爾

時間表

5h	6h	7h	8h
9h	10h	11h	12h
13h	14h	15h	16h

幸福感：今天感到幸福的原因是什麼？

第 .... 日：20 .... / .... / ....

3 項優先任務

花費時間

1 _____ ....

2 _____ ....

3 _____ ....

當機會碰上準備以後，成功就一定會來臨。
—— 愛因斯坦（Albert Einstein）

時間表

5h	6h	7h	8h
9h	10h	11h	12h
13h	14h	15h	16h
17h	18h	19h	20h
21h	22h	23h	24h

幸福感：今天感到幸福的原因是什麼？

第 .... 日：20 .... / .... / ....

3 項優先任務

花費時間

1 _____   ....

2 _____   ....

3 _____   ....

心態決定行動，行動決定結果，而結果則決定生活方式。
—— 吉姆 · 羅恩（Jim Rohn）

時間表

幸福感：今天感到幸福的原因是什麼？

· ·

第 2 週總結

問卷

實踐

這個星期實現了什麼？還有什麼事情待做？

成功

做成了什麼？為什麼？要如何再繼續成功？

困難

碰到困難了嗎？我是如何克服的？

學習

學到什麼了？最讓我印象深刻的是什麼事？

本週最成功的事　　　本週最失敗的事

我的進步點數

目標 1 .... /4

目標 2 .... /4

目標 3 .... /4

每筆記錄 .... /7

後援團 * .... /6

總點數 .... /25

* 如果出席俱樂部聚會，或者在網上跟成員交流就可以得分，如果沒有
後援團，你可以給自己的意志打分數。

第 3 週

從＿＿/＿＿到＿＿/＿＿（日期）

●————S1————●————S2————●————S3————(S4)———▶

本週的 3 個優先目標

1 ＿＿＿＿＿＿＿＿＿＿＿＿＿＿＿＿＿＿＿＿＿＿＿＿

2 ＿＿＿＿＿＿＿＿＿＿＿＿＿＿＿＿＿＿＿＿＿＿＿＿

3 ＿＿＿＿＿＿＿＿＿＿＿＿＿＿＿＿＿＿＿＿＿＿＿＿

我的待辦事項清單

重要但不緊急	重要且緊急

緊急但不重要	不緊急也不重要

第 3 次俱樂部聚會

俱樂部每週聚會

.... / .... / .... （日期）....... 點 在...（地點）

第 3 週準備事項

.... 的 3 個主要目標是：

1 _____

2 _____

3 _____

.... 的 3 個主要目標是：

1 _____

2 _____

3 _____

我每天早上的例行活動
醒來會做的前 3 件事

晚上的例行活動
睡前會做的 3 件事

本週的想法

174

第 .... 日：20 .... / .... / ....

3 項優先任務

花費時間

1 _____ ....

2 _____ ....

3 _____ ....

不要去想失敗，要想著如果不去嘗試的話會錯失哪些機會。

—— 傑克‧坎菲爾德（Jack Canfield）

時間表

5h	6h	7h	8h
9h	10h	11h	12h
13h	14h	15h	16h

幸福感：今天感到幸福的原因是什麼？

. . . .

第 .... 日：20 .... / .... / ....

3 項優先任務

花費時間

1 _____ ....

2 _____ ....

3 _____ ....

在人生中，我們只會後悔那些沒做的事。

——尚‧考克多（Jean Cocteau）

時間表

5h	6h	7h	8h
9h	10h	11h	12h
13h	14h	15h	16h
17h	18h	19h	20h
21h	22h	23h	24h

幸福感：今天感到幸福的原因是什麼？

第...... 日：20 .... / .... / ....

3 項優先任務

花費時間

1 _____ ....

2 _____ ....

3 _____ ....

贏的慾望很重要，但更重要的是準備自己的意願。

——穆罕默德·阿里（Mohamed Ali）

時間表

幸福感：今天感到幸福的原因是什麼？

第 .... 日：20 .... / .... / ....

3 項優先任務

花費時間

1 _____ ....

2 _____ ....

3 _____ ....

往前走的螞蟻比睡眠中的牛更有進度。

——老子

時間表

5h	6h	7h	8h
9h	10h	11h	12h
13h	14h	15h	16h
17h	18h	19h	20h
21h	22h	23h	24h

幸福感：今天感到幸福的原因是什麼？

178

第 .... 日：20 .... / .... / ....

3 項優先任務

花費時間

① _____ ....

② _____ ....

③ _____ ....

一個點子要是沒能實踐的話就沒有任何價值。

——愛迪生（Thomas Edison）

時間表

5h	6h	7h	8h
9h	10h	11h	12h
13h	14h	15h	16h
17h	18h	19h	20h
21h	22h	23h	24h

幸福感：今天感到幸福的原因是什麼？

第 .... 日：20 .... / .... / ....

3 項優先任務

花費時間

1 _____ ....

2 _____ ....

3 _____ ....

阻止實現夢想的不是我們本身，而是我們對自己的否定。
——保羅—埃米勒‧維克多（Paul-Émile Victor）

時間表

5h	6h	7h	8h
9h	10h	11h	12h
13h	14h	15h	16h
17h	18h	19h	20h
21h	22h	23h	24h

幸福感：今天感到幸福的原因是什麼？

第 .... 日：20 .... / .... / ....

3 項優先任務　　　　　　　　　　　　　花費時間

1 _____　..........

2 _____　..........

3 _____　..........

> 今天的懷疑才是我們明天幸福的唯一阻礙。
> ──富蘭克林・羅斯福（Franklin Roosevelt）

時間表

幸福感：今天感到幸福的原因是什麼？

第 3 週總結

問卷

實踐

這個星期實現了什麼？還有什麼事情待做？

. . . .

. . . .

. . . .

成功

做成了什麼？為什麼？要如何再繼續成功？

. . . .

. . . .

. . . .

困難

碰到困難了嗎？我是如何克服的？

. . . .

. . . .

. . . .

學習

學到什麼了？最讓我印象深刻的是什麼事？

. . . .

. . . .

. . . .

本週最成功的事　　本週最失敗的事

我的進步點數

目標 1 .... /4

目標 2 .... /4

目標 3 .... /4

每筆記錄 .... /7

後援團 * .... /6

總點數 .... /25

* 如果出席俱樂部聚會，或者在網上跟成員交流就可以得分，如果沒有後援團，你可以給自己的意志打分數。

第 4 週 　　從＿＿／＿＿到＿＿／＿＿（日期）

S1　　　　　S2　　　　　S3　　　　　S4

本週的 3 個優先目標

1 ＿＿＿＿＿＿＿＿＿＿＿＿＿＿＿＿＿＿＿＿＿

2 ＿＿＿＿＿＿＿＿＿＿＿＿＿＿＿＿＿＿＿＿＿

3 ＿＿＿＿＿＿＿＿＿＿＿＿＿＿＿＿＿＿＿＿＿

我的待辦事項清單

重要但不緊急	重要且緊急

緊急但不重要	不緊急也不重要

第 4 次俱樂部聚會

俱樂部每週聚會

.... / .... / .... （日期）.......... 點 在 ....（地點）

第 4 週準備事項

.... 的 3 個主要目標是：

1 _____

2 _____

3 _____

.... 的 3 個主要目標是：

1 _____

2 _____

3 _____

我每天早上的例行活動
醒來會做的前 3 件事

晚上的例行活動
睡前會做的 3 件事

本週的想法

第_____日：20_____/_____/_____

3 項優先任務

花費時間

1 _____ ....

2 _____ ....

3 _____ ....

要記得，跟你生死相伴的人只有你自己！
所以無論做什麼都要精神奕奕。

——畢卡索

時間表

5h	6h	7h	8h
9h	10h	11h	12h
13h	14h	15h	16h
17h	18h	19h	20h
21h	22h	23h	24h

幸福感：今天感到幸福的原因是什麼？

. . . .

第 .... 日：20 .... / .... / ....

3 項優先任務

花費時間

① _____ ....

② _____ ....

③ _____ ....

> 想做事的人就會找到方法，不想做的人則會找藉口。
>
> ——阿拉伯諺語

時間表

5h	6h	7h	8h
9h	10h	11h	12h
13h	14h	15h	16h
17h	18h	19h	20h
21h	22h	23h	24h

幸福感：今天感到幸福的原因是什麼？

· ·

第 .... 日：20 .... / .... / ....

3 項優先任務

花費時間

① _____ ....

② _____ ....

③ _____ ....

> 想要變成本來可以成為的樣子永遠都不會太晚。
> ——喬治‧艾略特（Georges Eliot）

時間表

幸福感：今天感到幸福的原因是什麼？

· ·

189

第 .... 日：20 ...... / ...... / ......

3 項優先任務

花費時間

① _____ ....

② _____ ....

③ _____ ....

玉不琢，不成器。人不學，不知義。

——孔子

時間表

5h	6h	7h	8h
9h	10h	11h	12h
13h	14h	15h	16h
17h	18h	19h	20h
21h	22h	23h	24h

幸福感：今天感到幸福的原因是什麼？

· · · · · · · · · · · · · · · · · · · ·

第 .... 日：20 .... / .... / ....

3 項優先任務

花費時間

1 _____ ....

2 _____ ....

3 _____ ....

沒有計畫的目標叫做心願。

——聖修伯里

時間表

8h	9h	10h	11h
12h	13h	14h	15h
16h	17h	18h	19h
20h	21h	22h	23h
24h	1h	2h	3h

幸福感：今天感到幸福的原因是什麼？

第 .... 日：20 .... / .... / ....

3 項優先任務

花費時間

1 _____ ....

2 _____ ....

3 _____ ....

> 如果想要得到從來沒擁有過的東西，
> 那就要嘗試一些從來沒做過的事。
> ──伯里克里斯（Périclès）

時間表

5h	6h	7h	8h
9h	10h	11h	12h
13h	14h	15h	16h
17h	18h	19h	20h
21h	22h	23h	24h

幸福感：今天感到幸福的原因是什麼？

....

第 .... 日：20 .... / .... / ....

3 項優先任務

花費時間

1 _____ ....

2 _____ ....

3 _____ ....

重點不在你用了多少時間去做，而在於你花了多少精力。

——丹‧米爾曼（Dan Millman）

時間表

幸福感：今天感到幸福的原因是什麼？

....

193

第 4 週總結

問卷

實踐

這個星期實現了什麼？還有什麼事情待做？

· · · · · · · · · · · ·

· · · · · · · · · · · ·

· · · · · · · · · · · ·

· · · · · · · · · · · ·

成功

做成了什麼？為什麼？要如何再繼續成功？

· · · · · · · · · · · ·

· · · · · · · · · · · ·

· · · · · · · · · · · ·

· · · · · · · · · · · ·

困難

碰到困難了嗎？我是如何克服的？

· · · · · · · · · · · ·

· · · · · · · · · · · ·

· · · · · · · · · · · ·

· · · · · · · · · · · ·

學習

學到什麼了？最讓我印象深刻的是什麼事？

· · · · · · · · · · · ·

· · · · · · · · · · · ·

· · · · · · · · · · · ·

本週最成功的事 | **本週最失敗的事**

我的進步點數

目標 1 .... /4

目標 2 .... /4

目標 3 .... /4

每筆記錄 .... /7

後援團 * .... /6

總點數 .... /25

* 如果出席俱樂部聚會，或者在網上跟成員交流就可以得分，如果沒有
後援團，你可以給自己的意志打分數。

第 2 期總結

第 2 期成績單

把所有進步點數記到圖表上，畫出進步曲線，計算本期的分數。

我的進步總結

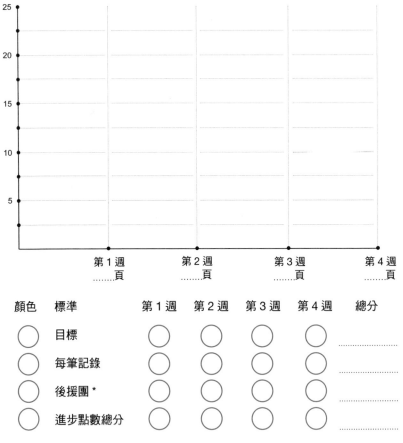

* 如果你單獨進行，那就不必計算後援團的分數

本期分數（第 1 週＋第 2 週＋第 3 週＋第 4 週）＝ .... /100

本期團體總結

每個成員都達到目標了嗎？　　　　　◯ 是 ◯ 否

是否有團體獎勵？　　　　　　　　　◯ 是 ◯ 否

是否要一同繼續進行下一期？　　　　◯ 是 ◯ 否

如果是的話，何時開始下一期？　　　日期 20＿＿ / ＿＿ / ＿＿

兩期過後……

我達成我的主要目標了嗎？
接下來還有什麼要做？

做成了什麼？要如何再繼續成功？

我比兩個月前幸福嗎？
覺得這個新生活是我要的嗎？

接下來的 3 年，我的目標還是一樣嗎？

如果未來的目標不一樣了，我想要改變什麼？

改換心態只花你一分鐘，
但用這一分鐘就可以改變你一整天。
　　　　　　　　──普世智慧

Notes

國家圖書館出版品預行編目資料

M3目標達成筆記術：簡單的組織方法，自主達成個人與團隊計畫的
精準工具 / 達米安・柯札特（Damien Cozette）著；劉美安譯. --
初版. -- 臺北市：商周出版：家庭傳媒城邦分公司發行, 2020.07
　　面；　公分. -- (Live & Learn ; 65)
譯自：M3 Journal

　　ISBN 978-986-477-856-0 (平裝)

　1.生活指導 2.成功法
177.2　　　　　　　　　　　　　　　　　　109007759

M3 目標達成筆記術──簡單的組織方法，自主達成個人與團隊計畫的精準工具
M3 Journal

作　　　者／達米安・柯札特Damien Cozette
譯　　　者／劉美安
責 任 編 輯／余筱嵐

版　　　權／林心紅、劉鎔慈
行 銷 業 務／王瑜、林秀津、周佑潔
總　編　輯／程鳳儀
總　經　理／彭之琬
發　行　人／何飛鵬
法 律 顧 問／元禾法律事務所　王子文律師
出　　　版／商周出版
　　　　　　台北市 104 民生東路二段 141 號 9 樓
　　　　　　電話・(02) 25007008　傳真：(02)25007759
　　　　　　E-mail：bwp.service@cite.com.tw
　　　　　　Blog：http://bwp25007008.pixnet.net/blog
發　　　行／英屬蓋曼群島商家庭傳媒股份有限公司 城邦分公司
　　　　　　台北市中山區民生東路二段 141 號 2 樓
　　　　　　書虫客服服務專線：02-25007718；25007719
　　　　　　服務時間：週一至週五上午 09:30-12:00；下午 13:30-17:00
　　　　　　24 小時傳真專線：02-25001990；25001991
　　　　　　劃撥帳號：19863813；戶名：書虫股份有限公司
　　　　　　讀者服務信箱：service@readingclub.com.tw
　　　　　　城邦讀書花園：www.cite.com.tw
香港發行所／城邦（香港）出版集團有限公司
　　　　　　香港灣仔駱克道 193 號東超商業中心 1 樓；E-mail：hkcite@biznetvigator.com
　　　　　　電話：(852) 25086231　傳真：(852) 25789337
馬新發行所／城邦（馬新）出版集團 Cite (M) Sdn. Bhd.
　　　　　　41, Jalan Radin Anum, Bandar Baru Sri Petaling, 57000 Kuala Lumpur, Malaysia.
　　　　　　Tel: (603) 90578822　Fax: (603) 90576622　Email: cite@cite.com.my

封 面 設 計／李東記
排　　　版／極翔企業有限公司
印　　　刷／韋懋印刷事業有限公司
總　經　銷／聯合發行股份有限公司
　　　　　　電話：(02)2917-8022　傳真：(02)2911-0053
　　　　　　地址：新北市 231 新店區寶橋路 235 巷 6 弄 6 號 2 樓

■ 2020 年 7 月 2 日初版　　　　　　　　　　　　　Printed in Taiwan
定價 380 元

城邦讀書花園
www.cite.com.tw

104　台北市民生東路二段141號2樓

英屬蓋曼群島商家庭傳媒股份有限公司城邦分公司　收

- -
請沿虛線對摺，謝謝！

書號：BH6065　　書名：M3目標達成筆記術　　　編碼：

讀者回函卡

感謝您購買我們出版的書籍！請費心填寫此回函卡，我們將不定期寄上城邦集團最新的出版訊息。

不定期好禮相贈！
立即加入：商周出
Facebook 粉絲團

姓名：＿＿＿＿＿＿＿＿＿＿＿＿＿＿＿＿＿＿ 性別：□男 □女

生日：西元＿＿＿＿＿＿年＿＿＿＿＿＿月＿＿＿＿＿＿日

地址：＿＿＿＿＿＿＿＿＿＿＿＿＿＿＿＿＿＿＿＿＿＿＿＿

聯絡電話：＿＿＿＿＿＿＿＿＿＿ 傳真：＿＿＿＿＿＿＿＿＿＿

E-mail：

學歷：□ 1. 小學 □ 2. 國中 □ 3. 高中 □ 4. 大學 □ 5. 研究所以上

職業：□ 1. 學生 □ 2. 軍公教 □ 3. 服務 □ 4. 金融 □ 5. 製造 □ 6. 資訊

　　　□ 7. 傳播 □ 8. 自由業 □ 9. 農漁牧 □ 10. 家管 □ 11. 退休

　　　□ 12. 其他＿＿＿＿＿＿＿＿＿＿＿＿＿＿＿＿＿＿

您從何種方式得知本書消息？

　　　□ 1. 書店 □ 2. 網路 □ 3. 報紙 □ 4. 雜誌 □ 5. 廣播 □ 6. 電視

　　　□ 7. 親友推薦 □ 8. 其他＿＿＿＿＿＿＿＿＿＿＿＿＿＿

您通常以何種方式購書？

　　　□ 1. 書店 □ 2. 網路 □ 3. 傳真訂購 □ 4. 郵局劃撥 □ 5. 其他＿＿＿

您喜歡閱讀那些類別的書籍？

　　　□ 1. 財經商業 □ 2. 自然科學 □ 3. 歷史 □ 4. 法律 □ 5. 文學

　　　□ 6. 休閒旅遊 □ 7. 小說 □ 8. 人物傳記 □ 9. 生活、勵志 □ 10. 其他

對我們的建議：＿＿＿＿＿＿＿＿＿＿＿＿＿＿＿＿＿＿＿＿

＿＿＿＿＿＿＿＿＿＿＿＿＿＿＿＿＿＿＿＿＿＿＿＿＿＿＿＿

＿＿＿＿＿＿＿＿＿＿＿＿＿＿＿＿＿＿＿＿＿＿＿＿＿＿＿＿